藏在地名里的深圳

◎木木／著

深圳报业集团出版社

作者简介

木木，文史学者，专栏作家。北京大学博士，做过教师、编辑、理论工作者、公务员，曾赴欧美多国游学，出版论著、随笔、游记多部。在巴山蜀水间生活24年，北京、香港生活33年，供职于中央编译局、中央组织部、中央政府驻港联络办、深圳市政协等机构，现常住深圳。

这是一条界河
发源于梧桐山
蜿蜒五十五里
注入深圳湾

当你面朝梧桐山
深圳是左岸
香港是右岸
当你面朝深圳湾
香港是左岸
深圳是右岸

一河两岸
沧海桑田

——题记

序言

择一城终老

2022年11月15日上午，在市政协后一楼会议室开了一个小会，参加者有尹昌龙、胡洪侠、胡野秋等文化界同仁。大家聚在一起，是因为再过一个多月就是新安建县450周年，想商议一下可以做点什么有纪念意义的事情。

新安县设立于明万历元年（1573年），所辖范围大致相当于今天的深圳和香港。商议结果，拟在胡洪侠担任总编辑的《晶报》开一个“深城记”专栏，每周一篇，由我和尹昌龙、胡野秋轮流执笔。每篇文章选取一个深圳地名，既讲地名本身的来历和演变，更讲在这片地域上发生的代表性人物和事件，结合作者与该地的渊源，挖掘相关文史内涵。

关于行文风格，我提到前不久在香港中华书局出版的《藏在地名里的香港》一书，建议采用类似的文化随笔形式，结构灵活，内容展开的空间大。大家表示认同，现场敲定了选取地名的范围、分工以及每篇文章的字数等细节。开篇是我的《南头古城：中华海洋文明的历史地标》，于2023年1月1日刊登。文章的编排方式很大气，头版全版出题配图，正文则在第4—5版跨版编排。以后各篇文章，皆循此例。在当今薄报时代，版面金贵，专辟三个版面发一篇东西，实在是一件难得的事。

这场专题写作行动，持续了整整一年。之后又在《香港商报》副总编辑王军的促成下，继续与尹昌龙、胡野秋以及香港的刘蜀永、徐全一起，在《香港商报》做了一年“港深地名故事”专栏。此外，从2024年6月起，参加深圳经济特区研究会的专题调研“街道走访”，时间也差不多一年。呈现给读者的这本《藏在地名里的深圳》，便是上述三场活动积淀下来的成果，亦可以看作我从北京人、香港人成为深圳人的“投名状”。

我来深圳的时间并不长，2021年7月才从北京南下，开启作为“新深圳人”的人生之旅。择一城终老，看来是深圳了。说起来，自己对这座城市并不陌生，来来往往无数次，但以前都只是匆匆过客，始终以他者的姿态与之交流，缺乏切实的体验和认知。从此往后，深圳成了余生的栖息地，对它的关注自然非比寻常。我以半生的阅历，加上新人的好奇心，开始认真阅读这座充满想象空间的城市。阅历支撑了感悟力，好奇心唤醒了写作的冲动。“深城记”“港深地名故事”专栏的相继开辟，加上对全市各个街道的系统走访，于我正是一个机缘，它是一扇观察的窗户，亦是一片耕耘的田地，使自己融入新生活的进程更快捷，也更扎实。

因长期驻港工作和生活，我选取的地名，涉及海湾、河流、街区、乡村、古镇等，地域地貌不同，却有一个共同点，就是与香港有着千丝万缕的联系。

每个地名故事虽独立成篇，亦可看成一个整体，是从地名入手，解读深圳的成长密码，追寻深港两地的山水文脉，探究双城同向而行的内在逻辑及其走势。

深圳与香港，书写了世界历史上独一无二的双城故事。我与香港结缘，始于2004年9月。当时，从北京被派往香港工作，一去16年多。有了这漫长而难忘的驻港岁月垫底，处理起涉港地名来就比较得心应手，有时甚至产生舍我其谁的感觉，仿佛是为我量身定做。真应了那句话，一切过往皆为序章，而唯有从事写作，以前所有的经历都不会浪费。

这些故事，是倾注了个人经历和感悟的城市叙事，也是一个人与一座城的共同记忆。有三条主线，或者说三条历史脉络，时隐时现，贯穿于每一篇地名故事之中。三条历史脉络，指向三个地名符号：深圳、香港、新安。

第一条历史脉络是改革开放。这条脉络有很多起点，但就深圳而言，最具标志性的是1980年建立经济特区。形象地说，改革开放摸着石头过河，摸到的一块大石头便是在沿海设立四个经济特区。其中，深圳毗邻香港，珠海靠近澳门，厦门与台湾隔海相望，汕头则着眼于庞大的海外潮汕人群体。经过40多年的发展，四个经济特区各有特色，而以深圳成就最明显。究其原因，澳门毕竟体量太小，对珠海的带动作用有限；台湾与祖国大陆的往来尚有诸多障碍，难以全面促进厦门的改革发展；海外潮汕同胞对汕头改革开放和现代化建设发挥了重要作用，但影响终究是间接的、分散的，难以形成直接的整体推动力；深圳则不然，香港因素深度介入，对这座南国新邑的城市面貌和城市性格都产生了决定性的影响。

第二条历史脉络是“一国两制”。虽然“一国两制”构想是20世纪80年代提出的，最初是为了台湾，实践却始于1997年香港回归，历史则可以追溯到1840年鸦片战争。鸦片战争改写了中国历史，重塑了中国社会。一百多年来，新安县被一分为二，深圳河两岸同源分流，香港和深圳形成了不同的政治制度、经济模式和社会文化。香港的存在及其独特作用的发挥，是中华文化"和而不同，美美与共"理念的生动体现，是中国共产党人坚持解放思想、实事求是、与时俱进、求真务实的结果。同时，随着深圳奇迹逐渐名动天下，深圳与香港的关系相应地经历了全面开放拜师学艺、兄弟爬山各自努力、同向互补共建湾区三个阶段。两个城市互相成全，留下了改革开放与"一国两制"的双重佳话。

第三条历史脉络是海洋文明。这是一条更加源远流长的历史脉络，有关故事可以从1573年新安建县讲起。新安县的设立，反映了明王朝经略海疆的宏大气魄。中国传统文化有三大地域显学：一是敦煌学，展示大漠孤烟的边塞文化；二是藏学，呈现冰山雪域的高原意象；三是徽学，描摹如梦似幻的江南烟雨、小桥流水。这些都是构成中国文化版图的重要元素，但里面还缺一块：浩瀚的海洋。新安县作为一个完全由滨海地带和沿海岛屿组成的县级行政建制，数百年来，留下了经略海洋的丰厚遗产。香港是海洋贸易时代的产物，迄今仍作为资深的国际航运中心，在船舶注册、融资及管理、海事保险、海事法律及仲裁等方面拥有领先全球的专业服务能力，并与伦敦、纽约、新加坡并列为世界顶级海事仲裁中心。深圳正努力打造全球海洋中心城市，马不停蹄地筹建海洋大学，还专门成立了海洋发展局。文化因需要而生，上述种种，都是对海洋文化的深切呼唤。也许，随着粤港澳大湾区建设深入推进，深港文化交融发展，可望形成一个以海洋文化为支柱的地域显学——新安学。

上述三条脉络相互交织，构成了深港双城变迁的历史逻辑。所以，《藏在地名里的深圳》作为《藏在地名里的香港》的姊妹篇，不只书写深圳本身的传奇，同时书写这座奇迹之城面向香港的传奇。贯穿其中的三条主线，固然是对深港两地政治经济社会变革的关注，亦是对生活其间的两地民众人生命运的关切。这关注和关切，或可用“深城记”开篇南头故事中的一副对联来表达：

新安一脉五百年多少桑田沧海

深港双城三千里无非天道人心

目录
CONTENTS

上篇【大江大海

中篇【一河两岸

下篇【街巷传奇

后记

前海：大湾区之眼

后海：如今的名字叫深圳湾

中英街的前世今生

罗湖：一个人与两座城相遇

深汕：莲花山脉从这里入海

大江大海

上篇

深港双城：
地名成长的故事

历史是一部连续剧，地理是舞台。地名是有生命的，从地名成长的故事中解析一座城市成长的密码，是很有趣的事。如果能同时解析两座城市，就更有趣了。深圳是经济特区，香港是特别行政区，习惯上都被称作特区。特区的地名，自有其特别之处。比如，“深圳”和“香港”这两个如今听起来响当当的地名，一开始都不是当地重镇，而是随着时代变迁，内涵和外延不断扩大，逐渐从边缘到中心，最终覆盖全域。

（一）

故事还得从1688年讲起。1688年是怎样一个奇特的年份呢？美国学者小约翰·韦尔斯专门为此写了一本书：《1688年的全球史：一个非凡年代里的中国与世界》。给人的感觉，仿佛1688年不是一个简单的公元纪年，而是通往历史奥妙之境的一道暗门。

1688年即康熙二十七年，这一年对深圳的特别意义，是“深圳”作为地名符号首次出现在官方文献上。当年修纂的《新安县志》中，有两处涉及“深圳”的记载：一是列出了当时新安县的28个墟市，其中之一便是深圳墟；二是记录了康熙五年（1666年）新安县由于实施迁界令被撤销建制，康熙七年沿边设立21座墩台（基层军事设施），其中一座名为深圳墩台，后因属于“不甚紧要之台”而改作瞭望台。

因此，深圳墟是深圳地名的1.0版。作为新安县的众多墟市之一，深圳的重要性显然不及政治中心南头和海防重镇大鹏。不过，经过两个世纪的发展，深圳墟与观澜墟、清平墟、东和墟并列为新安四大名墟，浓墨重彩地进入历史视野。1898年6月9日，英国迫使清政府签订《展拓香港界址专条》，强租新界，深圳河成为界河，深圳墟与港英统治正面相遇。这引起英方勘界大臣骆克的不安，他经过近一个月的调查，写成《香港殖民地展拓界址报告书》（*Report by Mr. Stewart Lockhart on the Extension of the Colong of HongKong*），于1898年10月呈送英国政府。报告中明确提出：“让一个中国城镇出现在英国领土边沿近在咫尺的地方，其不利之处在九龙城问题上已经有所体现，该城多年来一直是一个无止无休的麻烦和香港及中国政府间经常发生摩擦的根源。如果允许深圳留在中国领土内，历史肯定会重演的……重要的是应该将深圳纳入租地内。”

从骆克的描述可以看出，当时的深圳已经从墟市发展成了城镇。在中国古代，城和市是分开的。城未必有市，市未必成城。市在北方被称为“集”，在岭南一带则被称为“墟”。不管是集还是墟，基本功能都是交易，其上建筑主要用作商号和作坊，而不是居家。当年梧桐山下两大名墟，西为深圳墟，东为东和墟，后者就始终没有发展成为有规模的城镇。

深圳镇是深圳地名的2.0版。这时候，深圳墟只是深圳镇的一部分，而深圳镇亦是新安县的一部分。不过，随着深圳墟和深圳镇名头日响，以深圳命名的地方渐渐多了起来。比如，墟市附近有一条河流，原名罗溪，亦名滘水，后来被称作深圳河；深圳河入海口有一狭长海湾，因位于南头城之后一直叫后海湾，也逐渐被称作深圳湾。19世纪末20世纪初，是深圳镇从边陲小镇发展成为南国名邑的重要时期，直接动因是罗湖海关的设立和广九铁路的开通。

深圳镇从骆克所谓“一个中国城镇出现在英国领土边沿近在咫尺的地方”，边境交往渐密，到广九铁路1911年全线通车并在此设站，各路人等云集，很快成为周边地区最繁华、最具规模的城镇。当时，中国社会正处于激烈变革的历史转折时期，深圳镇的发展被打上鲜明的时代烙印。如今东门老街上还有两栋古色古香的小楼，一为思月书院，一为鸿安酒店。前者是1925年省港大罢工期间十万罢工工人离开香港返回内地的接待站，后者是1938年底叶挺将军组建的抗日武装司令部，都在中国近代史上留下了宝贵遗产。

到1950年代初，虽然宝安县（1914年由新安县改名）的县治仍然在南头镇，但经济社会中心早已东移。鉴于这一情况，宝安县于1953年将县城迁往深圳镇。县城与铁路枢纽重合，深圳镇再次迎来新发展。1960年代初，深圳戏院、新安酒家、华侨大厦等三大现代建筑设施相继落成，代表了当地三种主流文化形态——影剧文化、饮食文化、旅游文化。深圳戏院吸引了许多国家级的艺术团体前来演出。新安酒家楼高四层，装饰讲究，不仅古色古香，还装有中央空调，铺红地毯。华侨大厦则是一家涉外酒店，用于接待东南亚华侨。这些建筑及其发挥的特殊作用，在当时国内县级城镇是绝无仅有的。

经过20世纪初叶和中叶两次跃升式发展，加上毗邻香港的特殊性，深圳镇在岭南地区乃至全国的影响力已然举足轻重。不过，真正脱胎换骨的变化还是发生在改革开放以后。1979年宝安撤县建市，以深圳命名。次年，深圳经济特区建立。从深圳墟到深圳镇再到深圳市，深圳地名进入3.0版。以后的故事就无需多讲了，传统计划经济与现代市场经济在这里碰撞交融，一举一动都备受关注，深圳成为中国改革开放的风向标和重要引擎。

几百年沧海桑田，四十载凤凰涅槃，终于成就了这座奇迹之城。

（二）

香港作为地名出现，应当早于深圳。不过同深圳墟一样，其得名也与贸易有关。

沉香是岭南的传统香品，东莞地区最早对沉香树进行人工培育，明代形成了以东莞寮步镇香市为代表的香料市场。当时所指东莞，地域远远大于现在的东莞市，泛指唐至德二年（757年）由宝安县改名而来的东莞县范围，含今天广州增城区，东莞市、深圳市、中山市、珠海市大部分，以及香港、澳门全域。在这一广阔地域内，有不少与沉香产业相关的地名，香港便是其中之一。东莞及周边香农把各自生产、采购的香品香料，运往东博寮海峡北岸一处名叫石排湾的港口，集中分拣装船后，北上广州港，南下东南亚。久而久之，港口便被称作“香港”。

鸦片战争中，一批英军在石排湾登陆，询问当地叫什么名字，有村民回答“香港”。于是，整个岛屿被称为香港。为了避免混淆，石排湾一带改称香港仔。英国强占香港岛后，还一度把岛屿北面的海湾称作香港港（Hongkong Harbor），后来沿海湾修建维多利亚城，才改称维多利亚港，并把城后的太平山改名为维多利亚峰。从转运香料的港口到香港岛，是香港地名内涵和外延的第一次扩张。后来英国又强占九龙半岛，港英殖民统治覆盖了维港两岸，但香港作为地名，仍然还是指港岛，与九龙并用。1898年中英两国签署《展拓香港界址专条》，表明在官方文件中，香港的地域范围从此包括了港岛、九龙半岛和新界，即港英殖民统治全域。这是香港地名内涵和外延的第二次扩张。不过在日常用语中，香港主要还是指港岛，与屯门、元朗、荃湾、西贡、官塘等并用。直到今天，还有一些住在新界地区的居民，把去港岛说成去香港。

经过第二次扩张后，香港的地域范围便确定下来了，但地域认同还需要一些特别的契机。一个多世纪以来，促进这种地域认同的过程是潜移默化的，但有两个事件起到了关键性的助推作用。一是1972年红磡海底隧道通车，二是1997年香港特别行政区成立。

1972年8月2日，红磡海底隧道正式通车，香港岛与九龙、新界连为一体。这条隧道迄今仍然是世界上交通最繁忙的海底隧道之一，大大促进了维港两岸的经济发展和社会融合。同年，长达200余集的电视连续剧《狮子山下》开播，狮子山精神成为香港精神的代名词，广为流传。当时，香港历史上任职时间最长的总督麦理浩刚刚走马上任，在“清洁香港”名义下，创立廉政公署，启动地方行政改革，实施十年建屋计划，推行九年免费教育，开发新市镇，兴建地下铁路，城市面貌和市民生活大幅改善。麦理浩十年任内，香港经济增长之强劲为开埠以来所仅有，一跃而入“亚洲四小龙”之列。

这时候，香港作为一个整体，再不是处于主流文明边缘的百衲衣式的传统小农社会，也不是移民海外的中转站，它已经蝶变为一个拥有雄厚经济实力、管治良好的现代市民社会。这个立足东南亚，交汇中西方文化，连通海内外市场，融国际金融中心、航运中心、物流中心为一体的超级都市，呼之欲出。

1997年香港回归，特区政府成立，香港的整体意识因为外部环境改变再次得到强化。作为单一制国家的地方政权，香港市民的国家观念开始觉醒。之前，他们在国家观念上基本是缺位的，港英当局出于殖民统治利益的需要，不会强化他们的中国人观念，也不愿意强化他们的英国人观念。回归后的香港，面对强大的祖国，自我认同感逐渐增强。而恰恰在这个时候，中国进入高速发展快车道，香港凭借天时地利，尽享中国改革开放的红利，经济持续增长，贸易活跃，就业稳定，一片繁荣景象。正如法国荒诞派戏剧大师欧仁·尤内斯库所说，意识形态将我们分开，梦想和痛苦却让我们紧紧相连，经历空前繁荣和空前混乱交替影响后的香港社会在世人心目中已融为一体，再也没有新界、九龙和港岛的楚河汉界了。

从港岛到九龙再到新界，近两个世纪以来，香港地名的成长是由南往北扩展的，港岛处于城市政治、经济、文化的中心。这不但影响了香港南重北轻的城市布局，也影响了人们的心理定势。位于深港边境的广大地区，长期被视作城市的边缘，基础设施投入和市民文化建设不足。一些厌恶性设施，如垃圾填埋场、殡葬场等，被安排在这一带，加上土地权属、文化习俗、宗族矛盾等社会历史问题错综复杂，导致新界很多地方的发展模式和社区面貌自成一格，与港九地区俨然两个世界。

香港特别行政区第五任行政长官林郑月娥提出北部都会区计划，引起社会广泛关注，除了可望解决产业政策过度依赖地产和金融、科技创新动力不足、青年就业空间狭窄、楼价长期居高不下等矛盾外，人们对改变香港城市空间格局的预期同样炽热。随着北部都会区建设的推进，面积远大于港岛和九龙的新界北部，从传统的城市外围和投资忽视区域蝶变为香港融入国家发展大局、承接大湾区内地城市辐射的前沿地带，这无疑是香港城市发展史上一次战略性更新。假以时日，香港单一中心的城市格局势必得到改变，形成双中心哑铃形格局，甚至可能出现北部都会区在经济创新动能、经济增长速度和经济规模上超越南部都会区的情况。那时候的香港，将是一个全新的香港，一个更加完整而丰满的香港。

（三）

深圳和香港的关系，是世界上绝无仅有的双城关系。虽然两个城市各有自己的历史，但真正意义上的双城故事，是从1979年开始的。当年4月，广东省委向中央提出，希望中央下放若干权力，允许广东在毗邻港澳的深圳、珠海和侨乡汕头设立出口加工区。福建省委也提出类似设想。中央对此表示支持。关于如何命名这几处实行特殊政策的地方，邓小平一锤定音：“还是叫特区好，陕甘宁开始就叫特区嘛！”所以，从陕甘宁的特区，到深圳等经济特区，再到香港特别行政区，一个“特”字，蕴含着一脉相承的理念。在建立经济特区之前，深圳与香港由于政治环境和经济体量悬殊，只算是拥有共同的历史渊源，之后才开始谱写可堪称道的双城故事，大致经历了三个发展阶段。

一是深圳向香港“拜师学艺”的阶段。时间跨度大致从1980年深圳经济特区建立，到1997年香港回归祖国。这是深圳向香港学习的阶段，如果用一个比喻性的说法，这个阶段的双城关系可以称作“师徒关系”。深圳建立经济特区，本身就是主动接受香港辐射的体现。当时，整个宝安县才30余万人口，经济活动以农渔业为主，本地生产总值只有2.7亿元人民币。香港已经是一个拥有500多万人口、本地生产总值达288.62亿美元的发达经济体，无论经济发展、城市管理、生活水平，还是流行文化和精神气质，都处于世界前列。著名艺人梅艳芳的形象设计师刘培基，曾在回忆录里这样描述20世纪八九十年代的香港：“啊，那是一个华丽的年代！连高跟鞋的声音都不一样，那些人一举一动都有派头，那种风范你学不来。但比起财力，更加难以复制的是那种几近天真的乐观底气。”

深圳作为中国改革开放的风向标，始终指向香港。向香港学习体现在方方面面，一开始可以说是到了照抄照搬的地步，形象地说，只把繁体字翻译成了简体字。香港利用所拥有的欧美市场配额，为深圳带来大量出口订单。香港制造业大规模内迁，促进了深圳出口导向型制造业迅速发展，加快了本地产业融入全球产业链的进程。随着产业和资金的引入，技术和管理也联袂而至，重塑了深圳的商业文化和市场经济秩序。与此同时，珠三角高速发展释放出空前强劲的生产力和市场需求，使香港获得了巨大的发展空间。遥想当年那大开大合、大进大出的火热景象，总让人激动不已。

二是“兄弟爬山各自努力”的阶段。这个阶段从香港回归祖国开始，持续20多年，充分体现了香港与深圳在“一国两制”之下优势互补、共同发展的巨大张力。当时，香港成为直辖于中央人民政府的一个特别行政区，深圳则已跨入GDP千亿元俱乐部行列，具备了一定的体量，而且经过多年改革发展形成了很多自己的特色和长项，由此迎来深港双城联动的“兄弟关系”时期。一方面，香港继续在投资兴业、体制改革、对外开放、城市管理等方面发挥着对内地城市的龙头引领作用；另一方面，随着国家实力迅速上升，以广州、深圳为代表的珠三角城市对香港的依赖逐渐降低，且在机制、人才、资本等方面越来越具有辐射力，香港相对于内地的优势随时间推移而减弱。

前几年，曾听一位香港朋友说，依靠内地赚钱的优势已被他们那一代人赚走了，现在不可能再像以往那样只靠“销售身份”就可以躺赢。这种情绪与当年香港人的优越感形成巨大反差，乐观进取、开放包容精神有所消退，偏安一隅、故步自封情绪逐渐滋生。这期间，有两个时间点特别发人深思：2014年2月，深圳在《政府工作报告》中提出发展湾区经济的构想；2019年2月，深港双城分别公布2018年GDP数据，深圳首次超越香港夺得大湾区城市之冠。

三是融入粤港澳大湾区共同发展的阶段。以2019年《粤港澳大湾区发展规划纲要》正式发布为标志，深港双城进入共建大湾区的新阶段。粤港澳大湾区建设，既是推动形成全方位开放格局的新尝试，也是推动“一国两制”事业发展的新实践，集中体现了改革开放与“一国两制”两大国策的交会互动。深圳和香港作为粤港澳大湾区的核心引擎，是大湾区三大极点之最。“香港—深圳—广州”构成了粤港澳大湾区打造世界级城市群的主轴，对周边城市产生着广泛的辐射作用。在粤港澳大湾区的时代舞台上，深港双城正努力构建一种崭新的关系，都在一口锅里吃饭，同心同向，相互借力，或可称之为“夫妻关系”。

深港双城进入夫妻关系，并不意味着双方在每个方面都要一样，而是各有角色分工，在合作中发挥作用。有朝一日，或许会发展出某种结构更加紧密、互动更加有效的组织形式，但其中深圳有深圳的功能，香港有香港的功能。夫妻结合就要生孩子，像前海深港现代服务业合作区、河套深港科技创新合作区、沙头角深港国际消费合作区等，都是二者结合的产物。在这些合作区内，也会形成适应新型管理体制的经济社会氛围。

正是在这样的时代背景下，深圳被确定为中国特色社会主义先行示范区，努力创建社会主义现代化强国的城市范例。香港则实现由乱到治、由治到兴的重大转折，破天荒地提出建设北部都会区，表明主动接受深圳等内地城市的辐射。北部都会区总面积达300平方公里，当初深圳经济特区也不过327平方公里。随着前海、河套、沙头角三大合作区建设依次铺开，深港双城势将形成西、中、东全面对接的战略合作平台体系。回首改革开放40多年来，深圳作为经济特区服务带动整个国家，香港作为国际金融、航运、贸易中心联通全世界，两者的合作发展远远超出了两个城市的范围，事关中国与世界的双向互动。

塘朗山顶有极目阁，从那里鸟瞰珠江口，只见海天之间，深圳湾大桥把辽阔的海湾变成了一片内陆湖。大桥亦称深港西部通道，一头连着香港流浮山天水围，一头连着深圳大南山蛇口港，穿云破雾，踏浪御波，寓意着深港合作从罗湖桥时代进入了深圳湾大桥时代，从小河时代进入了大海时代！正所谓：

千古沧桑入碧波　一桥飞渡出山阿
同心共筑青云路　不负双城故事多

城市名片：
南·山·田·园·湾

“深圳发布”是深圳市政府新闻办公室运作的微信公众号，有时会发一些视角特别的稿子，形式灵活，图文并茂，让人印象深刻。比如，2023年10月19日发布一则推文《深圳地铁站名中出现最多的字竟然是……》，已经过去一年多了，我还时常想起。据推文所载，深圳地铁当时共设有350座地铁站（不含港铁运营的4号线），站名中出现最多的字，前五名依次是南、山、田、园、湾。这是几个自带文化内涵的特殊文字，仿佛深圳这座奇迹之城的名片，仔细品来，意味深长。

（一）

深圳地铁一期工程由1号线东段和4号线南段组成，2004年12月28日正式开通。经过20年的长足发展，全市地铁运营线路已达18条，总里程

595.1公里，全面覆盖9个市辖行政区。截至2024年底，深圳地铁线网密度0.3公里/平方公里，居全国第一。2024年12月31日，深圳地铁线网总客流量创下开通运营以来最高纪录，达1188.49万人次。深圳陆地面积不大，只有区区1997.47平方公里（不含深汕特别合作区），却生活着2000多万人口，而且经济体量巨大，各方面要素的密集程度可想而知。若把这座城市比作一个充满活力的生命体，地铁系统便是生命力汩汩流淌的血脉。一个个地铁站随着地铁线路的延伸而出现，宛若城市生命旅程的驿站。富有特色的站名记录着城市生长的密码，从中可以窥见这座奇迹之城的来龙去脉。

换言之，各式各样的地铁站名，不仅承载着深圳这座城市的地理位置信息，也融合了城市的发展历程、文化特色和功能布局。我就此请教一位在地铁公司工作的朋友，他向我介绍了深圳地铁站命名的几种主要方式：

一是以地理位置命名。地铁站的名称来源于所在区域的地名或地理特征，命名简洁明了，便于乘客识别和记忆。如罗湖站，靠近有“中国南大门”之称的罗湖口岸，连接深港两地；机场站，与深圳宝安国际机场相邻，市民和游客可以坐地铁前往机场，搭乘飞机，接送亲友；深圳北站，作为地铁4号线、5号线、6号线与广深高铁的交会站，既是重要的市内交通网点，亦服务于广深港城际客流，成为华南地区重要的交通枢纽。

二是以历史文化地标命名。地铁站的名称与当地古迹或文化设施相关，从中可以感受到深圳的历史发展轨迹和城市文化脉络。如左炮台东站、世界之窗站、大剧院站、海上世界站等，直观地展示了深圳作为历史上的海防城市和改革开放中著名的文旅城市，在城市的形成发展过程中所具有的独特文化内涵和执着的文化追求，成为解读鹏城文化的入口。

三是以城市功能区命名。地铁站的名称与周边产业区、商务区或其他功能区相联系，体现了深圳作为现代化大都市的产业布局。例如高新园站，位于深圳高新技术产业园区，是高科技企业分布及其人才流动的重要交通枢纽；东门站，东门是特区早期最繁华的商业中心，周边特色街区如东门老街，以及深圳戏院、新安酒家、华侨大厦等，已成为深圳人的集体记忆。会展中心站和国展站，紧邻深圳两大展馆——深圳会展中心和深圳国际会展中心，为频繁的商务活动和国际交流提供便捷的交通服务。

四是以自然环境命名。地铁站的命名以当地自然景观、生态资源为基础，具有明确的生态保护指向。如红树湾南站，红树林湿地是深圳重要的自然保护资源，地铁站直接以这一生态景观命名，体现了对湿地的珍视和保护意识。梧桐山南站，宛然梧桐山国家森林公园的门户，让人想到这座郊野公园的悠久历史和独特价值。梧桐山早在明清时期即以“梧岭天池”成为新安八景之一，如今则以“梧桐烟云”进入深圳八景之列。莲花西站、莲花北站位于莲花山公园附近，情况与此类似。莲花山是深圳的城市绿肺、经济特区改革发展的象征，亦以“莲山春早”位列深圳八景。

所以，深圳地铁站命名的背后，既有对地理位置的直接反映，也有历史、文化、产业、生态的深刻联结，不仅仅是市民出行的主要交通枢纽，更是城市文化的重要组成部分。每一个站名，都或多或少承载着城市发展的历史记忆和未来希望，体现了深圳作为中国改革开放前沿城市的独特风貌和活力。而南、山、田、园、湾之所以成为深圳地铁站名的高频字，自有它的道理。从根本上说，是由深圳城市发展的内在逻辑决定的，表明了深圳的城市方位和城市形态，并从一个侧面反映了深圳从何而来，因何而兴，向何而去。

（二）

首字“南”，点出了深圳的城市方位。深圳迄今已有近1700年建城史，从宝安到新安再复名宝安，城市中心相当长时期里都位于一个名叫“南头”的古镇。“深圳”虽是历史悠久的商业重镇，成为城市中心却不过70余年。南头，顾名思义就是南之头。作为中国领土南端的一座城池，深圳因其地理关系，无论是自然气候、历史文化还是市民生活习惯，都表现出明显的南方特征。

然而，深圳不同于一般意义上的南方城市，精神气质其实已经超越了南方北方。宋末衣冠南渡，清初复界垦殖，特别是20世纪80年代以来的改革开放浪潮，把这座南国古邑锻造成了一座全新城市。在这座城市里，南北文化浑然一体，东西文明深度交融。如此城市特质，放眼全国，或许只有香港堪有一比。“来了就是深圳人”，只有深圳喊得出这样的口号，也只有深圳喊出这样的口号不会让人觉得牵强。

“山”在地铁站名高频字中位列第二，展现了深圳的地貌形态。深圳是一座典型的低海拔山地城市，地形复杂，地貌以低山丘陵为主，台地、阶地及小块平原穿插其间。由低山、丘陵和高台地组成的山地面积，占全市陆地总面积的62.8%。市域范围内海拔500米以上的山峰17座，最高峰大梧桐（梧桐山主峰）海拔943.7米。深圳的山脉走势，呈现出两大特征：一是脉状分布，二是携山向海。

所谓脉状分布，是指所有山体都大致处于一条山脉上，即以梧桐山为中心，东翼大鹏山脉，西翼阳台山脉。前者主峰位于大鹏所城附近，为深圳别称“鹏城”的主要来历。后者主峰位于南头古城附近，为深圳前身新安县城的后山。这“一山两翼”构成了深圳生态骨架“一脊一带二十廊”的主脉，深圳将其打造成一条长达两百公里的郊野步道——鲲鹏径。步道贯穿东西，中段沿当年特区“二线关”延伸。登临其上，关内关外一目了然，可以清晰地感知城市的历史变迁。

所谓携山向海，指的是深圳山地的形成，皆缘于粤东大岳莲花山的余脉。莲花山脉是广东省两大地理单元——潮汕平原和珠江三角洲的分水岭，自东北向西南，绵延三百公里，从惠州与汕尾交界处入海。余脉继续向西南延伸，在今天深圳、香港地区再度隆起，形成千峰归海、百屿熨波的独特景观。深圳以弹丸之地，雄踞大山（莲花山）、大河（珠江）、大海（南海）交汇处，自有一股万马奔腾、惊涛拍岸的宏伟气势，得以领改革开放风气之先。

2020年3月28日至4月5日，深圳市登山户外运动协会与深圳晚报联合发起，上万名市民参加网上投票，评选出深圳最有代表性的10座山峰。依得票顺序，梧桐山、大鹏山、阳台山、塘朗山、梅沙尖、莲花山、大南山、凤凰山、大雁顶、大笔架山入围。遍览10座山峰，山环水绕，城在其中，各具形胜。深圳十峰，自此成为一个专用名词。美丽的自然风光，独特的文史内涵，使深圳十峰旋即成为鹏城新名片。

从山水与城区的比例看，10座山峰大致分为三类：一是以山水为主，城市只是山水的点缀，包括大鹏山、大雁顶、大笔架山，这3座山峰都在大鹏半岛上，山海奇观、地质演变、茂林溪流中，时有古老村落点缀，呈现出天人合一、人类与自然和美与共的互动场景；二是以城市为主，山水成为城市布局的一部分，包括凤凰山、大南山、莲花山，它们严格说来不算山，更像是起伏的市区公园，不光因为海拔不高，更由于各自承载的人文色彩太浓，游人的注意力被山间文史遗迹和周边高楼大厦吸引而热衷于城市故事，无暇于山野之趣了；三是介于两者之间，山水和城市均占有较大比重，相辅相成，包括梧桐山、阳台山、塘朗山、梅沙尖，这4座山峰可以看作深圳山水文化的代表，它们与其他六峰相比，自然与人文结合得更加完美，而且攀登难易适中，特别受普通登山爱好者青睐。

（三）

“田”是农业文明的标志性符号，可以看作这块土地的胎记，直观地反映了深圳从何而来。

1979年，深圳市由宝安县改制而来，当时的县域经济以农业和渔业为支柱，从整体上看还是地广人稀的传统农业社会。宝安属于边防县，国家在这里基本没有制造业布局，建设投入微不足道。而持续多年的逃港潮，使得本就十分稀缺的劳动力更显紧张。如今享誉全球的现代制造业大都市，就是在这样一个制造业几近一片空白的基础上成长起来的。正如刘斯奋先生论述岭南文化，说它自带一股“雄直之气”，其突出特点在于不拘一格、不定一尊、不守一隅，反映了广东人强烈的务实、包容和进取精神，使这片农业文明的后发地跃升为中国工业文明的出发点，实现了近代史上一次具有划时代意义的异军突起。

我曾就此走访莲塘、沙头、蛇口、观澜、福海等街道的一些古村落，访问当事人，加深对深圳凤凰涅槃的直观印象。在这个脱胎于传统农业社会的现代制造业大市里，仍处处可以看到过去留下的痕迹。当你走进一座典型的城中村，触目皆是那种“半城半乡”的生活场景，与深南大道、福田中心区、深圳湾总部基地的流光溢彩比起来，恍若隔世。而这样的城中村，全市有上千个！村民成了股民，土坯房换成了大洋房，身家动辄上亿，可骨子里还是富裕起来的农民。这些村落的户籍人口往往只有数百人，管理和服务人口却多达数万甚至数十万人。从村里横七竖八的宽街窄巷，贴满瓷砖的简易小楼，以及小楼阳台或窗户上支棱着的晾衣架，你可以真切地感受到城中村对深圳城市发展的独特贡献：让出祖祖辈辈耕作的田地，为城市迅猛扩张腾挪空间，并为成千上万的外来打工者提供住宿，形成新的市井文化，使一颗颗漂泊异乡的心灵有了安放之所。

深圳发展太快了，许多历史记忆都被有意无意地遮盖了。或许，要真正了解深圳究竟从何而来，体会它的多元性、立体性，还需要深入这些古村落的肌理中去，让它们的故事成为城市叙事的一部分。

（四）

“园”作为城市发展的元素，从一个特别角度解读了深圳因何而兴。究其内涵，主要指向两个方面：一是产业园，一是文旅园。

以低山丘陵为主体的地形地貌，对深圳的城市构造产生了显著影响。城市建设不得不采取多种措施，以应对土地资源的紧张，如“向上发展”，修建大量高层建筑，集中资源优先发展科技附加值高的产业等。同时，这种山海连城的地理环境，也让深圳拥有了丰富的自然景观和生态资源，为城市因地制宜多样化发展提供了广阔空间。

正是在这样的地理环境中，深圳发展成为组团式城市，或者说园区式城市。大致说来，对深圳经济社会发展产生重大影响的园区可以分为四类：一为产业园区，是发展的本体；二为科创园区，是发展的灵魂；三为消费园区，是发展的归宿；四为文旅园区，是发展的品位。当前全市上下正着力推动五大中心建设，即先进制造业中心、产业科技创新中心、消费中心、物流中心、产业金融中心，从中不难感受到园区经济的氛围和味道。想一想龙华的富士康，龙岗的华为，坪山的比亚迪，南山的大疆，宝安的顺丰，光明的科学城，罗湖的水贝珠宝产业园，福田的保税区，盐田的港口……深圳奇迹，不正是由这些细胞构成的吗？据不完全统计，2024年春节期间，深圳工业旅游日均报名参团超400人次，大亚湾核能科技馆、国家基因库、深圳珠宝博物馆、金啤坊等热门工业旅游资源点受到热捧，接待游客超过3万人次。

特别值得一提的是，深圳在大力推动经济、科技发展的同时，文化旅游业也展现出领异标新的势头，形成了一批独树一帜的文旅园区。曾记得，改革开放初期深圳的旅游品牌“五湖四海”何等风光。“五湖”即东湖公园、西丽湖度假村、香蜜湖度假村、石岩湖温泉乡村俱乐部、银湖旅游中心，“四海”即大小梅沙海湾、蛇口海上世界、大亚湾、深圳湾，现在听来也许不足为奇，当年却吸引了海内外多少新奇的目光。后来，锦绣中华、民俗文化村、世界之窗、文博园、东部华侨城等一批主题公园相继兴起，加上数以千计的各类公园，深圳成为名副其实的花园城市和文化创意之都。

（五）

“湾”展现了深圳这座滨海城市的独特魅力，同时揭示了海洋强国建设背景下先行示范区向海图强的宏大志向。

深圳海域规划面积2030平方公里，略大于陆地面积，海岸线长度260.5公里，拥有50处比较有名的沙滩。以深圳河为媒，东连大鹏湾、大亚湾，西接深圳湾、前海湾，形成了一条以滨海骑行道为主体，横贯深圳东西海岸线的世界级碧道，即深圳生态骨架“一脊一带二十廊”中的“一带”。这条魅力海岸带与广东省倾力打造的“100公里黄金内湾”融为一体，成为粤港澳大湾区的超级商务中心区。

深圳是沿海城市，但长期以来海洋特色并不鲜明。这一方面由于深圳改革发展主要走的是科技创新和现代制造业的路子，海洋产业占比不大；另一方面，特区建设者大多来自北方，对海洋文明缺乏切身感知；加之香港作为天生的海洋城市，在国家改革开放进程中充当了深圳的门户，即所谓“前店后厂”，承接了深圳本该具备的海外拓展功能。今天，以盐田、南山和大铲湾三大主体港区为代表的港口经济渐成规模，海洋经济的其他板块也在迎头赶上，但海洋意识的培育是一个长期的过程。真正的海洋城市，除了得天独厚的地理位置，发达的海洋经济、强大的制海能力和规则制定权、浓厚的海洋意识，缺一不可。必须从农耕文明关于“天涯海角”“奔流到海不复回”的传统叙事中彻底走出来，充分认识海洋，亲近海洋，增强海洋开发的主动性。

俗话说，大海是蓝色的草原，草原是绿色的大海。中华文明的发展轨迹，是以农耕文明为主体，在与游牧文明、海洋文明持续博弈中前行的。与前者的碰撞，大大拓展了疆域；与后者的融合，不断更新着观念。正因为有了这样的历史机缘，中华民族才得以以今天的体量、风格和自信傲立于世。深圳立志建设全球海洋中心城市，不仅要大力发展海洋产业，更长远的考量还应体现在培育市民的海洋意识上。深圳拥有得天独厚的自然生态资源，正积极培育引进高端文旅项目，深入挖掘山海连城的独特魅力，加快建设全国最好、世界一流的滨海生态旅游度假区，全面提升市民的海洋意识和海洋情怀。或许，这正是“湾”作为深圳地铁站名高频字，带给我们的无穷想象吧。

行笔至此，才意识到这五个地铁站名高频字竟然同韵，而且都是平声。兴之所至，以五字押韵，赋诗一首：

新城出岭南　傍水复依山
客问当年样　鱼塘接稻田
国门迎客栈　香港后花园
一俟大潮起　传奇满海湾

一方水土：
屯门·新安·盆菜

南头半岛位于深圳西部，半岛南端有蛇口集装箱码头。码头隔深圳湾相望，不远处便是香港18个地方行政区之一的“屯门”。屯门是一个老地名，原为边防重镇，始建于唐开元年间。北宋宰相、史学大家王溥编撰的《唐会要》有如下记载：“开元二十四年（736年）正月，广州宝安县新置屯门镇，领兵二千人，以防海口。”

（一）

香港屯门区作为20世纪70年代麦理浩之治新市镇建设的代表，目前是全港居住人口最多的卫星城。但对港岛、九龙居民来说，屯门是一个遥远的存在，就像南山、福田居民眼里的大鹏。当然，屯门区不只有新市镇，还包括一些传统社区，如大榄涌、扫管笏、龙鼓滩等。其实，屯门自古以来就是与制盐、渔业和海上贸易相联系的港口聚居点，亦是屯兵守疆重地。唐代开埠，宋元时期步入繁盛，战略地位日益凸显。明末以后，葡萄牙、英国相继把这一带作为侵略中国的基地和贩运鸦片的转运站。风云之势，延续千年。

当你乘车从西营盘出发，穿过海底隧道，路过葵涌码头的集装箱和塔吊森林，便上了屯门公路。沿屯门公路往西，右边是绵延起伏的山峦，左边是碧波荡漾的大海，山海相依，蜿蜒而行，不免让人浮想联翩。

屯门镇作为有影响力的军事建制，设立于唐开元二十四年，即公元736年。其时，唐朝国力达及鼎盛。玄宗皇帝经多年励精图治，灭突厥，降吐蕃，臣南诏，建立起幅员辽阔的庞大帝国，人口众多，仓廪丰实，八方来朝。设立屯门镇，反映了大唐王朝经略南海的雄心。固定驻兵2000人，是一个不小的军事存在。据清人顾祖禹《读史方舆纪要》所载，屯门镇驻兵是颇有战斗力的："东莞南头城，古之屯门镇……天宝二载（743年），海贼吴令光作乱，南海郡守刘巨麟以屯门镇兵讨平之。"

屯门，本意为屯兵的营门，尤指沿海地区的军营，文人墨客多有吟咏。宋代诗人郭祥正在长诗《广州越王台呈蒋帅待制》中有"屯门钲铙杂大鼓，舶船接尾天南回"的描写，方一夔的长诗《次韵稼隐告归》则作"风涛拍屯门，溃作无底壑"之叹。屯门作为一个建制单位，从名称变化中亦可看出与兵营的渊源：唐代称屯门镇，宋代称屯门寨，明代则称南头寨。

屯门镇所与宝安县治同处南头城。唐至德二年（757年），县、镇分立，宝安县更名东莞县，移治于今东莞市。屯门镇所留驻南头，专司海防，行政管理属东莞县。屯门镇当时的辖地远不止于今天的香港屯门区，而是包括深圳市濒江临海的宝安区、南山区、福田区、罗湖区、盐田区、大鹏新区和整个香港特别行政区，从珠江口东延至大亚湾，倚山面海，岛屿众多，水湾密布。这一带是波斯、天竺及南洋诸岛商船通往广州的必经之路，常有海盗出没。随着海上贸易规模不断扩大，朝廷屯兵海门，以护商旅，故名屯门。

因此，屯门是深港两地的共同起源，得名早于新安。有关屯门的记载不但见于史书，唐宋诗词里亦有体现。比如，韩愈的“屯门虽云高，亦映波浪没”，刘禹锡的“屯门积日无回飙，沧波不归成踏潮”。可以看出，时人心目中的屯门印象，虽不似边塞之苍凉，却是山远水阔、巨浪滔天的。加之，屯门镇设立不久，就爆发了安史之乱，唐朝由盛转衰，朝廷自顾不暇，经略南海的宏图大志难以为继，南疆意象愈发蛮荒了。

南宋末年，“流亡小朝廷”把屯门视为最后的避风塘，试图凭借山高路远的地势和风急浪恶的大海负隅顽抗，阻挡住摧枯拉朽的蒙古铁骑。可是，转战数年，气数终尽，只余下崖门决战的惨烈和十万军民随主蹈海的传说，余下文天祥“人生自古谁无死，留取丹心照汗青”的绝世气节传颂至今，余下九龙半岛宋王台、南头半岛少帝陵与拍岸惊涛朝夕相伴。

元朝统治中国不足百年，便为明朝取代。明朝建立后，以两大海防要津镇守南疆，即明洪武二十七年（1394年）在原屯门镇东西部分别设立的大鹏守御千户所和东莞守御千户所。此后不久，随着新大陆的发现及重商主义的发展，世界进入大航海时代，相继崛起的欧洲国家四处寻求海外市场。于是，早期殖民帝国葡萄牙与大明帝国在屯门迎头相遇。

明正德八年（1513年），葡萄牙商船队到达珠江口，要求登陆进行贸易，未获明政府批准，便在水面上与中国商人交易。与此同时，葡萄牙海盗船侵占“屯门海澳”，即今深圳南头半岛、内伶仃岛及香港屯门区一带，修筑工事，设刑场，制火器，并刻石立碑以示占领。此后，葡萄牙殖民者多次强行进入珠江内河，遭到明朝水师顽强抵抗，被迫退守“屯门岛”。屯门岛又叫贸易岛，是葡萄牙人经询问当地人后给所占小岛起的名字，中国典籍中并无记载。据考证，屯门岛可能指的是今天的内伶仃岛或大铲岛，亦有可能是香港大屿山。

葡萄牙殖民者在屯门一带烧杀掠夺，当地居民怨声载道，纷纷向官府告状。正德十六年（1521年），广东海道副使汪鋐率部向盘踞附近海域的葡萄牙人发起全面进攻，战事持续一个多月，史称屯门海战。这是中国第一次抗击西方殖民主义入侵的战役，大获全胜。官府随即下令水师，凡见到悬挂葡萄牙旗帜的船只就将其击毁。此后30年，中国典籍中再没有葡萄牙人侵扰广东沿海的记录。直到嘉靖三十二年（1553年），葡萄牙人通过贿赂广东官员获得在澳门的通商权，并于隆庆六年（1572年）获准租住澳门，开启了西方列强在中国建立殖民统治的先河。

（二）

万历元年（1573年），明王朝为了加强海防和海上贸易，将东莞守御千户所和大鹏守御千户所辖区从东莞县析出，单独设县，取名“新安”。这是一个完全以滨海地带及沿海岛屿为辖地的县级行政建制，开拓海疆之意不言自明。新安县城由东莞所城改建，兼具防御功能。大鹏所城则专司海防，行政管理属新安县。

置州设县，事关重大，名正则言顺。朝廷赐名新安，乃取“革故鼎新，去危为安”之意。殊不知，革故鼎新不易，去危为安殊难，这方水土此后承受了史上罕见的动荡和变故。新安县建立之初，宰辅张居正大兴改革之风，举国上下一片生机勃勃。可惜好景不长，张居正盛年去世，“万历中兴”昙花一现，明朝也走上盛极而衰的老路。万历之后，朝廷陷入党争，海洋政策频繁调整，一阵子开海，一阵子禁海，反反复复，致使沿海地区发展极不稳定。清朝前期为了防备郑势力侵扰，实施严格的禁海令和迁界令，更是让新安县失去立锥之所，百业凋零，哀鸿遍野。后期的鸦片战争则把整个珠江入海口置于西方列强觊觎中国的前沿，新安县首当其冲，惨遭瓜分：1/3辖地为英国数次强占，演变成为今天的香港；余下2/3辖地几经沿革，发展成为今天的深圳。

故明清之新安县，恰如唐宋之屯门镇，其兴也勃，其衰也忽。光绪二十四年（1898年）中英《展拓香港界址专条》签订后，新安县虽然还叫新安县，但此新安已非彼新安。同一地名，在不同历史时期或不同场合使用，所指范围不一样，是深港一带很常见的地理文化现象。除了前面讲的屯门镇、屯门寨、屯门区、屯门海澳、屯门岛等相关地名外，还有许多类似地名，比如我们熟知的宝安、香港和深圳。从这些地名的演变中，可以看见岁月的年轮，读出历史的节奏，感受世事的沧桑。

宝安之名，首先是以县称见于史册的。东晋咸和六年（331年），析南海郡置东官郡，领六县，以宝安县为郡治所在地。宝安因县境北部有宝山（今东莞市境内）而得名，故有“东官首邑，得宝而安”之说。古代边疆置县，由于人稀地广，面积往往很大。宝安亦不例外，含今广州增城区，东莞市、深圳市、中山市、珠海市大部分，以及香港、澳门全域。

不过，从唐至德二年（757年）宝安县更名东莞县，到民国三年（1914年）新安县复称宝安县，宝安作为县名在历史上消失了一千多年。

复名的宝安作为新安的继承者，县域面积不足两千平方公里，与原宝安县完全不可同日而语。但这个边陲小县注定不会寂寞，随着改革开放潮起珠江，经济特区横空出世，宝安地名再度嬗变，屡让历史瞩目。1979年，宝安县改名深圳市，次年深圳经济特区建立。又次年，宝安县复置，辖地包括除深圳经济特区以外的深圳市。深圳经济特区最初只有罗湖一个行政区，后逐步分拆为罗湖、福田、南山、盐田四区，宝安县也几经分拆演变为宝安、龙岗、龙华、光明、坪山五区以及大鹏新区。如今的宝安只是一个市辖区，但地不在大，有宝则兴，深圳城市西移和前海合作区大扩容在这里交汇，发展势头迅猛，获评全国活力城区。

从东官郡治宝安县到作为新安县继承者的宝安县，从深圳市宝安县到深圳经济特区几度分拆的宝安区，一个宝安，呈现诸般模样。阅读历史文献，如果不了解这个背景，难免产生混淆，却也平添许多乐趣。当你漫步在位于罗湖中心城区的“宝安南路”和“宝安北路”上，是不是有点儿岁月变迁和时空交错的感觉？

有意思的是，随着“宝安”的地域范围越来越缩小，“香港”和“深圳”的地域范围却越来越扩大。香港从转运香料的港口，到香港岛，再到香港特别行政区，记录了中华民族陷入空前危难，后洗雪百年国耻的非凡征程。深圳从南国墟市，到深圳镇，再到深圳经济特区，则书写了中华民族通过革命和改革走向复兴的壮阔史诗。

香港和深圳的双城故事，演绎了人类城市建设史上相辅相成的奇迹。其间，大致经历了三个阶段：一是1980年深圳建立经济特区，主动接受香港辐射，进入深圳向香港“拜师学艺”的阶段。二是1997年香港回归祖国以后，北边是经济特区，南边是特别行政区，进入“兄弟爬山各自努力”

阶段。三是2019年中共中央、国务院印发《粤港澳大湾区发展规划纲要》，随后香港提出北部都会区计划，主动接受深圳辐射，深港双城作为大湾区世界级城市群的核心成员，进入同舟共济阶段。

从“香港”和“深圳”的地名演变中，可以读出一部中华民族伟大复兴史。鸦片战争是这部复兴史的开篇，其导火线是虎门销烟，前哨战则是九龙海战，分别发生在新安县的西部和东部海域。

1839年（清道光十九年）9月4日，英国驻华商务总监义律率“路易沙”号、“珍珠”号等5艘舰船，以“求为买食”为名驶入九龙海面，接近大清水师船，突然下令开炮。正在巡洋的大鹏营参将赖恩爵面对出其不意的攻击，果断指挥水师船和九龙炮台开火反击。短短几个小时，就“叠见夷尸随潮漂淌”，“夷人受伤者尤不胜计”，义律被迫逃回尖沙咀。这次短兵相接，史称九龙海战。引发中国三千年未有之大变局的鸦片战争，自此拉开序幕。

九龙海战总指挥赖恩爵此前在虎门销烟时即为收缴销毁鸦片的实际执行者，深得林则徐赏识。这次率大鹏营水师出征，首战告捷，道光帝龙颜大悦，将大鹏营升格为大鹏协，提拔赖恩爵任最高司令官。官兵严阵以待，士气高昂。然而，一支孤勇，一战侥胜，终究敌不过大势，鸦片战争还是以割地赔款为了局。后来官拜广东水师提督、封从一品振威将军的赖恩爵，对此耿耿于怀，抑郁而终，留下遗训：吾忧朝廷腐败而忧，吾乐收回香港而乐。

明有屯门海战，清有九龙海战，无不对中国历史产生极其深远的影响。两战皆赢在战事，输在时势。一个丢了澳门，一个丢了香港，想来令人唏嘘不已。

（三）

讲了这么多战火硝烟、兴衰往复、沧桑之变，该讲讲盆菜了。烽烟与炊烟，共同构成一方水土。盆菜是深港一带最富地方特色的节庆食品。盆菜上桌，或一家老小，或亲戚邻里，或有朋自远方来，围席而坐，其乐融融。

我接触盆菜，始于参加香港社团活动。刚到港工作时，所在部门是社团联络部。香港社团不但数量众多，而且类型多样，从工商团体、专业协会到地下社团组织，五花八门，不一而足。各种乡亲社团和地区社团开展活动，尤其喜欢举办盆菜宴。本以为盆菜只是一道家常菜，后来才得知它大有来头，与屯门风云息息相关。

相传，南宋末年文天祥率部勤王，转战于大亚湾、大鹏湾、伶仃洋一带。一日，被元兵追击，从今天的深圳湾上岸。当时还没有深圳湾其名，泛称屯门海湾，北有蛇口，南有烂角咀。烂角咀如尖锥深入大海，旁有渔村名龙鼓滩，又称惶恐滩。当年因文天祥一句“惶恐滩头说惶恐”名留史册，如今则作为一代传奇“新界王”刘皇发的出生地而远近闻名。刘皇发多年担任新界乡议局主席，还做了立法会、行政会议双料议员，但至死没有辞去自己的第一个公职——龙鼓滩村代表。他说，不管做多大的官，为多大的人，根还在龙鼓滩。

想来已是近20年前的事了，我所在部门走访新界乡议局，随刘皇发去过龙鼓滩。看着村里斑驳的老屋、滩头翻卷的白浪和青山（古称杯渡山、圣山）上裸呈的累累顽石，听着刘皇发议员用并不熟练的普通话波澜不惊地述说自己的成长故事，想着他在立法会里对新界原居民权益近乎偏执的维护，在乡绅帮派势力争权夺利中无所不用其极的传说，以及在媒体面前那副人畜无害、游刃有余的神态，一幅悠远苍凉的历史画卷和多姿多彩的岭南风情画在我眼前徐徐展开，至今记忆犹新。

此是后话，暂不赘述。回到文天祥率部从屯门海湾登陆，其时天色已晚，官兵又累又饿。附近乡民得知皇师抵境，家家户户闻风而动，鱼虾肉蔬倾其所有，碗碟不够就以盆盛之。一众官兵吃了盆菜，继续与元兵展开殊死搏斗。后来文天祥被俘，拒不投降，从容赴义，高风亮节令世人景仰，更令招待过忠臣义士的屯门乡民感泣。为了纪念这位抗元英雄，乡民每逢重要日子都要做盆菜，以圆盆盛菜逐渐成为当地习俗，吃盆菜便流行开来。

盆菜的显著特点是就地取材，荤素搭配，腌鲜共炖，分层码放：上层一般用鸡鸭、鱼丸、大虾、猪肉兼以绿色菜花，均匀码放成圆丘形；下层铺以萝卜、竹荪、猪皮等易吸纳油汁的材料；中层则任意选择，丰俭由人，常见有生蚝、鲍鱼、鳝鱼、冬菇、支竹等。盆菜的烹饪工艺看似粗放，实则讲究，食材分别经煎、炸、烧、煮、焖、卤后装盆，开席时再以微火慢煨，轻烟袅袅，香气四溢。食者各取所需，气氛温馨而热烈。

经过数百年演变，盆菜早已不再是普普通通的一道菜，而被赋予了越来越多的文化内涵。香港中联办原副主任杨健写过《盆菜的品格》一文，亦庄亦谐，读来让人印象深刻。根据文中论述，盆菜具备以下三大文化品格：

一是壮人气节。盆菜起源于对文天祥高尚气节的缅怀，其传续则与香港新界乡民纪念抗英先烈有关。1899年4月，新界乡民发起反抗英国占领的“六日战争”，伤亡惨重，500多人壮烈牺牲。此后，参战各村的村代表每年秋分日都会齐集古庙拜祭保乡卫族的烈士，并在庙前以盆菜招待村里60岁以上的男丁。吃盆菜成为追思先烈、激励后生的重要载体。

二是增进团结。盆菜用圆盆装盛，象征团团圆圆、同心同德；分层叠放，寓意上下和睦、融为一体。大家围坐一起，不分彼此长幼，不论贵贱尊卑，一桌人同吃一盆菜，边吃边聊，吃去恩恩怨怨，聊出和谐气氛。话题天南地北，抚今追昔，收放自如。吃盆菜成为传承本土文化、改善邻里关系、增进村民团结的重要方式。

三是烘托喜庆。盆菜作为喜庆日子必选的传统菜式，几乎逢宴必上，全年不断。结婚、添丁、摆满月酒，为长者庆生祝寿，招待远方来客，都要吃盆菜。春节盆菜宴更是热闹非凡，七里八村的乡亲乃至海外宗亲都来参与，动辄上万人。深圳市下沙村2002年春节盆菜宴参与人数达4万人，创下“大世界基尼斯之最”。那铺天盖地、不见头尾的阵势，人声鼎沸，喜气洋洋，俨然整个村庄和宗族的狂欢。

从屯门镇到新安县，从崖门悲歌到鸦片战争，深港双城出自同一母体，文脉赓续，风雨与共，命运相依。千秋板荡，百年硝烟，俱往矣！沧桑巨变中，却留下一围盆菜，韵味无穷……

屯门浪恶望新安　板荡千秋入海天
回首他年烽火处　一围盆菜起轻烟

伶仃洋：惊涛拍岸八百年

这是一片位于岭南核心地带的广阔水域，它有一个让人听起来仿佛有些伤感的名称——伶仃洋。其实，伶仃洋得名于伶仃山，而伶仃山是一个很形象的名字。在深圳、香港和珠海之间的海面上，一座海拔341米的山岛俏然独立，得名伶仃山，亦称内伶仃岛（相对于香港大屿山附近另一座名伶仃峰的山岛，海拔312米，称外伶仃岛）。内伶仃岛周边水域即伶仃洋，北起虎门，南及港澳，呈喇叭状，面积约2100平方公里，略大于深圳市陆地面积。

（一）

2018年港珠澳大桥落成，把伶仃洋水域变成了一片内陆湖。随后，粤港澳大湾区横空出世。大河入海处，一湾碧水滔滔不绝，凌空俯瞰，依次有飘逸潇洒的港珠澳大桥，长虹卧波的深中通道，车水马龙的虎门大桥、南沙大桥、黄埔大桥，由南往北，横亘其上。整个珠江入海口，山海连城，犹如丹青妙手恣肆铺陈的一座珠光宝塔，顶部广佛同城，右为莞深港，左为中珠澳，周边则以惠州、江门、肇庆的青山绿水点染，如朵朵祥云环绕，恢宏而浪漫。

千百年来，由于特殊的历史机缘，大湾区城市群相继崛起。波澜壮阔的岭南风云画卷，在中华民族发展进程中书写了浓墨重彩的篇章。或许，公元前214年任嚣率50万秦军平定岭南，随后汉唐雄风威镇南粤，都太过久远。南宋末年的故事却不得不讲，它为岭南地区及中华民族命运的转折提供了重要参照。由此以降，惊涛拍岸，大浪淘沙，世事沧桑。

“惶恐滩头说惶恐，零丁洋里叹零丁。人生自古谁无死，留取丹心照汗青。”文天祥八百年前慨然一叹，给这片水域抹上了浓厚的悲情色彩。零丁洋即伶仃洋，文天祥作为南宋末年回光返照般的一代名臣，以一首《过零丁洋》写尽了流亡朝廷漂泊辗转于岭南山海之间，忠臣义士时不我与，空余满腔的慷慨、悲壮和无奈。文天祥被俘不久，崖门海战爆发。那是宋元之间的决战，战场位于今天广东省江门市新会区崖门镇。此役南宋全军覆灭，左丞相陆秀夫背着年仅7岁的少帝赵昺投海，无数臣子、兵士、百姓追随其后，殉国者达十万之众。

从地图上看，崖门镇并不临海，而是水陆交错的冲积平地。不过，南宋时期的珠江口比现在要开阔许多。为弄清地形地势，我找到一幅当时的珠江口示意图。可以看出，那时的珠江下游完全不是今天的模样。作为由西江、北江、东江及下游三角洲诸水道汇聚而成的复合水系，珠江入海口历来就是河汊纵横，水网密布，洲屿散落。当时广州以南还是一个巨大的海湾，中山、珠海等地尚在海岛之上。海岛西北部有崖山、汤瓶山，由北向南延伸入海，如大门束住海水，成为潮汐涨退的出入口，故名崖门。

崖门，可以说是中华文明步入风雨飘摇之门。自崖门海战一役，南宋亡于元，中原文明严重受挫；随后明起于草莽，清大兴文字狱，导致文明退化变质；而西方列强入侵，古老文明面临全新挑战。

（二）

岭南地区远离中原政治权力中心，反而在异族入侵和王朝更替的夹缝中延续了文明的悠远脉络，且因开中西交往风气之先而丰富了中华文明。大致上讲，中原文明对于岭南开发，崖门海战之前主要是灌输和哺育，从春秋战国经秦汉唐宋，持续了2000余年。之后，先是有南宋末年追随各路抗元部队南逃避难的中原移民，再是清代废除迁界令后实行招垦政策吸引大量客家人，直至20世纪80年代改革开放以来“孔雀东南飞”，一拨一拨北方移民纷至沓来，岭南地区经济社会获得空前大发展，文化繁荣相伴而生，并对中原文明起到保存和反哺作用。这一作用主要体现在三个方面：

一是延续传统民俗文化。比如粤语的使用，保留了大量古汉语元素；所谓文人四大雅事——焚香、插花、挂画、品茗，广泛运用于日常生活；认真过好每一个传统节日，从时辰到仪式再到饮食，都十分讲究；待人接物有规矩，从老礼，兄友弟恭，尊老爱幼……这些风俗文化在岭南地区得以充分保留并广泛传播海外，成为维系华侨华人社会关系的重要载体。

二是传承海洋文化基因。中华文明主体上是大陆文明，但有着悠远而强大的海洋基因。这可以追溯到秦始皇数次遣徐福东渡扶桑，追溯到起于汉唐兴于宋元的海上丝绸之路，甚至到了明代还有郑和七下西洋。遗憾的是，明代后期和整个清代，对经略海疆是充满疑虑的，海洋政策反反复复，海洋生态日渐衰落。所幸，民间海洋力量在曲折中顽强发展，岭南地区成为中西贸易和文化交融之地。这种文化传统历数百年而不衰，下南洋代代相袭，形成独具特色的海外华商社会和华人文化圈。

三是成就改革开放文化。改革潮流兴于南粤大地，绝不只是一个经济事件，更是一个社会事件、文化事件。改革开放带来全新理念，对中华文明形成强大建构功能，是岭南文化反哺中原文明的集中体现。作为岭南文化核心载体的粤港澳大湾区，在中国与世界的互动中，地理上交汇，文化上交融，意识形态上交锋，由此成为中国经济社会发展的强大推手和中华民族现代文明的重要贡献者。

大山大河大海交汇处，一方水土通古今，贯南北，融中西，历尽沧桑，终成传奇。有道是：

赓延文脉三千岁　交汇中西五百年

自古浪高风急处　迎来一片艳阳天

（三）

秦岭和南岭作为中国重要的地理分界线，也是中国三大河流——黄河、长江、珠江的分水岭。中国地理因此被一分为三：黄河流域称为北方，长江流域称为南方，珠江流域则称为岭南。为什么没有称这三部分为北部、中部和南部呢，想必与中原文明的起源及其拓展进程有关。南岭以南，山川起伏，水系发达，珠江三角洲江河密布，奔流入海，更有岛屿散落，星罗棋布，形成百屿熨波的独特景观。

这片山海之间的热土，自古以来就是风云激荡之地，亦是多元文化、创新文化滥觞之地。哈佛大学华裔学者王德威教授曾对岭南文化有过这样诗意的描述：南方之南，潮汐起落，山海撞击，华夷夹杂，正统消散，扑面而来的是新世界、新发现、新风险……

自1279年南宋覆亡以后，开海与禁海之争贯穿元、明、清三代，直到1757年乾隆皇帝颁布上谕仅留广东的粤海关一口对外通商，中国对外贸易锁定在广州十三行。在将近五百年的时间里，海洋政策总体上是逐步收紧的。其间，也有几段海洋贸易的兴盛期。尤以1567年“隆庆开关”为标志，海洋贸易空前活跃，朝野上下从中受惠近百年。而1573年新安县的设立，更是展示了明王朝经略南海的雄心。

然而，一方面是绵延千年的“海丝”贸易渐入巅峰之境，另一方面是欧洲列强开始了全球性海上殖民扩张。面对复杂严峻的局势，明王朝基于海防安全和经济压力的考虑，频繁调整海洋政策。清朝初年，为了防止沿海居民接应郑成功反清，更是从禁海发展到迁海。新安县一度被撤销建制，后虽复置，但大势难继。持续不断的开海与禁海之争，恰如当年南宋朝廷的主战与主和之争，把王朝的元气消耗殆尽。海洋政策如翻烧饼，首鼠两端，进退失据，直至澳门、香港相继被割占。

鸦片战争失败，香港被割离新安县母体，中国逐步沦为半殖民地半封建社会。这是国家蒙辱、人民蒙难、文明蒙尘，泱泱华夏三千年未有之大变局的转折点，也是中国梦的历史起点。它唤醒一代代中华儿女前赴后继，为民族复兴不懈努力。在实现中国梦的壮阔征程中，农民起义、改良运动、民主革命、社会改造、改革开放风起云涌，中国人民和中华民族从站起来、富起来到强起来，岭南地区从未缺席，并以其特殊的地理和文化优势发挥了举足轻重的作用。

当我站在虎门大桥上向南眺望，眼前是粤港澳大湾区建设的火热场景，脑子里不禁浮现出虎门销烟、九龙海战、鸦片战争的漫天烽火，浮现出太平天国运动、洋务运动、康梁变法的折戟沉沙，浮现出孙中山一次次组织反清起义及国共合作挥师北伐的滚滚铁流，浮现出省港大罢工中十万香港工人走过罗湖桥觉醒的身影，浮现出东江纵队开辟华南抗日根据地的艰苦岁月和文化名人大营救、民主人士北上建国的坚定步伐，浮现出《春天的故事》《东方之珠》《七子之歌》动人的旋律……在国际政治博弈和中国前途命运的激烈较量中，珠江入海口及其周边成了板荡神州的风向标。

（四）

打开伶仃洋海域图，内伶仃岛东北方有一狭长海湾，名深圳湾。深圳湾与珠江口交汇，形成一个三角形半岛，如一把尖锥伸入伶仃洋，名南头半岛。昔日经略南疆“开海第一县”的新安县便将县治设在半岛上，后来打响改革开放“开山第一炮”的蛇口工业区也在半岛上，如今探索新合作模式，“比特区还特”的前海深港现代服务业合作区还是在半岛上。这座小小的半岛，隐藏着怎样的革故鼎新密码呢?

南头半岛隶属深圳市，以此为原点，穿过伶仃洋，差不多等距，东南是香港岛，西南是澳门半岛，西北是虎门，经虎门溯江而上可抵达千年商都广州。广州、深圳、香港、澳门并称粤港澳大湾区四大核心引擎。关于大湾区未来的发展格局，代表性观点有二：一是中轴式发展，即以广州、深圳、香港三大中心城市为轴，辐射周边城市；二是A形发展，即以珠江为骨架，两岸齐头并进。可以看出，无论形成哪种发展格局，南头半岛都是咽喉要地。

从空间上讲，粤港澳大湾区“9+2城市群”由三个极点带动形成三大都市圈：一是香港、深圳为极点带动东莞、惠州，二是广州、佛山为极点带动肇庆，三是澳门、珠海为极点带动中山、江门。事实上，除香港、广州、深圳等顶流城市外，在粤港澳大湾区城市群中，还有不少藏龙卧虎之地。比如，东莞、中山、顺德、南海早在20世纪80年代就以“广东四小虎”而名动华夏。顺德和南海如今已成为佛山的市辖区，但实力不减当年。据《中国市辖区高质量发展报告2023》，两区在全国百强地级城市市辖区中名列第一和第二。而且，从2023年城市GDP（地区生产总值）排名看，惠州、珠海、江门已超越中山，大湾区城市群大有百舸争流、你追我赶之势。

2023年，粤港澳大湾区经济总量首次突破14万亿元人民币，超过纽约湾区、旧金山湾区，与东京湾区旗鼓相当，登顶全球湾区第一梯队。以全国0.58%的土地，创造了11%的GDP，并作为中国开放程度最高、经济活力最强的区域，跻身世界主要经济体前十，超越韩国，与意大利、加拿大处于同一梯队。这已然是一个奇迹，但大湾区的真正价值远不止于此。在党的二十大报告中，关于粤港澳大湾区的论述，并不放在区域发展部分，而放在“一国两制”部分，表明建设大湾区除了经济意义，还承担着更大的国家使命。

（五）

国外有学者认为，中国政府把粤港澳大湾区视为一个国家内两种制度的桥梁，一端是国际公认的市场经济，一端是中国的社会主义市场经济，试图通过创新性的实验来链接全球经济体系。这个表述并不准确，但分析思路有可取之处。我们建设粤港澳大湾区的愿景，是在全面深化改革扩大开放的时代背景下，打造新发展格局的战略支点，成为高质量发展的示范地和中国式现代化的引领地。所谓战略支点，其价值主要不在于本身拥有的体量，而在于以它为支点撬动更大的局。

由此，推进粤港澳大湾区建设，至少具备两大战略价值：其一，推动香港、澳门更好融入国家发展大局；其二，充当国家尺度与全球尺度的“转换器”，通过改革衔接，开放协同，发展联动，构建中国与世界对话交流合作平台。事实表明，自《粤港澳大湾区发展规划纲要》发布以来，前海、横琴、南沙等三大合作平台相继设立，分别依托深圳、珠海、广州的发展优势，建设方案密集推出，相关产业布局全面铺开，正是大湾区建设的最大亮点。

三大平台功能定位各有侧重，这从各个平台的名称即可看出端倪：前海名“深港现代服务业合作区”，旨在以现代服务业合作为抓手，促进香港和深圳两地经济社会发展，增强香港同胞对祖国的向心力，以深港联动提升粤港澳合作水平，构建对外开放新格局和创新型产业体系，加快迈向全球价值链高端。横琴名“粤澳深度合作区”，旨在丰富“一国两制”实践，推动澳门建设世界旅游休闲中心，推进粤澳经济社会领域的标准、规则、机制深度对接，达致政府机构运作顺畅高效，经济高质量高水平开放发展，社会民生和谐稳定，为澳门长远发展持续注入动力。南沙名“粤港澳全面合作示范区”，是在东有前海深港合作、西有横琴粤澳合作的基础上，明确提出粤港澳携手建设高水平对外开放门户、共建创新发展示范区、建设金融服务重要平台、打造优质生活圈等四方面重点任务，全面深入推动科技成果转化，共建粤港澳大湾区科技创新中心。

截至2022年6月14日，国务院颁布《广州南沙深化面向世界的粤港澳全面合作总体方案》，粤港澳大湾区三大合作平台各自有了自己的专属方案，标志着三大平台建设在政策层面跃上新台阶。三大平台各有优势，相互促进，通过深度协同联动，在产业发展和制度创新上形成并进互补之势，共同支撑粤港澳大湾区建设不断取得新进展。三星闪耀，千帆竞发，以改革创新提供破浪前行的新动能，为国家高水平对外开放开辟更广阔的发展空间。

（六）

大潮起珠江，巨澜兴南海。在这片土地上，秦置边郡，宋亡崖门；衣冠南渡，西学东渐；外抗侵略，内兴革命……历经千锤百炼，这里锻造成了新时代“一国两制”的大湾区。“一国两制”是中华民族智慧的结晶，包含了中华文化中的和合理念，体现的一个重要精神，就是求大同，存大异。大湾区的建设，将从根本上重振香港国际竞争力，推动澳门产业多元化，提升广东发展质量，形成改革开放新优势，丰富中华民族现代文明。正如纽约湾区和旧金山湾区从金融和科技两翼代表了美国霸权，东京湾区是日本的形象代表，粤港澳大湾区必将成为中华民族伟大复兴的重要标志。

粤港澳大湾区拥有全国最密集的交通网络，可以用“三跨”来概括：跨境口岸交通设施、跨江越海桥隧通道、跨市公路铁路系统。四通八达的交通网络，确保了资源要素在各城市间快速便捷流动。形象地说，通过一系列水陆交通干线建设，时代的巨手正对珠江口展开缝合之势，苍茫的伶仃洋海域终将变成城市水网，粤港澳大湾区急速地向一座超级都市演变。

2024年，深中通道、黄茅海大桥相续通车，进一步激发了人们的想象空间。从更宏阔的视野看，深中通道、黄茅海大桥、港珠澳大桥相互贯通，连为一体，不仅重新定义了大湾区城市群的时间距离，而且以珠三角为中心，贯通粤东、粤西，串珠为链，形成一条东经潮汕入福建、西经湛江入广西的泛大湾区沿海开放带。这是一条新的潜力巨大的黄金海岸线，而雄踞其上的伶仃洋商圈正是广东省着力打造的新经济高地——环珠江口百公里黄金内湾。它像一把拉满的弓，呈现出空前强劲的张力：雄厚的先进制造业基础，领先的科技创新体系，发达的现代服务业，以及世界级的机场群、港口群、口岸群，将中国与全球紧紧地连接在一起。

一条黄金海岸线，一个黄金内湾，在天海之间组成一个巨大的“旦”字，仿佛中华海洋强国的宏大愿景在旭日朝霞中冉冉升起。如此形胜，让我想起先秦颂词《卿云歌》中的句子：“卿云烂兮，糺缦缦兮。日月光华，旦复旦兮。”想起毛泽东主席在《星星之火，可以燎原》中的畅想：“它是站在海岸遥望海中已经看得见桅杆尖头了的一只航船，它是立于高山之巅远看东方已见光芒四射喷薄欲出的一轮朝日，它是躁动于母腹中的快要成熟了的一个婴儿……”

虎门桥上望伶仃　多少风云入汗青
十万忠魂溟海去　一销鸦片干戈兴
烽烟社稷擎天柱　改革春潮拍岸声
莫道沧桑皆往矣　湾区故事正年轻

深圳河：
一河两岸，沧海桑田

“小河弯弯向南流，流到香江去看一看”，当举世瞩目的东方之珠即将迈向“九七回归”的重大时刻，台湾歌手罗大佑想向香港人传达怎样的情愫？从娓娓道来的歌词中，我们似乎感受到了这份殷殷之情，就是中华民族的血脉、根脉和文脉：“让海风吹拂了五千年，每一滴泪珠仿佛都说出你的尊严；让海潮伴我来保佑你，请别忘记我永远不变黄色的脸……”

（一）

罗大佑那条弯弯的小河指的是哪条河呢？香江又在哪里？香江并不实指某条江，而是维多利亚海湾的诗意化表述（也有一种说法，香江指代珠江），弯弯的小河则是深圳河。不过，在人们通常印象中，以梧桐山为分水岭，东有沙头角河，西有深圳河，共同构成了深港两地的边界，所以深圳河是向西而不是向南流的。

其实，深圳河有大小支流十余条，流域总面积达312.5平方公里，其中深圳约187平方公里，香港约125平方公里。河的源头有两个版本：一是深圳版本，发源于梧桐山牛尾岭，经沙湾河汇入干流，总长37公里；一是香港版本，发源于梧桐山伯公坳附近，经莲塘河汇入干流，全长27.5公里。深圳版本取“唯长为源”原则，是自然河流的源头；香港版本则是把深圳河作为港深界河，是人文河流的源头。总体上看，深圳河水系沿东北—西南方向蜿蜒流入深圳湾，从伶仃洋水域往南，经屯门湾，与香港维多利亚海湾融为一体。

当你站在深圳河边，把如此山形水势视为一个整体，感受着这条小河一个多世纪以来经历的风吹雨打、潮涨汐落，领悟到弯弯的小河是“向南流”而不是“向西流”的时候，你的视野已越过眼前山水，超然于自然地理之外，进入到历史文化的脉动中去了。

古语有“一衣带水”的说法，原本是指像衣带那样窄的河流，用以形容两地之间虽有江河湖海相隔，但好比仅有一条衣带的距离，不足以成为交往的阻碍。这个说法沿用至今，多是比喻性的用法，通常包括三个要素：两个国家或相对独立的地区，两者之间必须隔着一条水，而距离相对较近。如果要为“一衣带水”找一个物理上的参照，我一下子会想到深圳河。

在中国庞大的江河谱系中，深圳河的确是一条很小的河，小到一般的地图上都找不见。可它承载的历史记忆和文化内涵又是如此厚重，每每让试图走近它的人产生盲人摸象的惶惑。山不在高，有仙则名；水不在深，有龙则灵。正是这条不起眼的小河，掀起南北风云，交融东西文化，牵动着近代以来中华民族的命运。

（二）

想起来，自己与深圳河的缘分，深沉而久远。2004年秋天，我离开北京，被派往香港工作。当广九直通车跨过罗湖桥那一瞬，车轮与铁轨的摩擦撞击声竟像是某种仪式上的礼炮，将余生与深圳河连在了一起。一个人与一条河的缘分，因知识背景和生活经历的耦合，成为一份浓郁的文化情怀，注入生命之旅。

当时我已年届不惑，此次转岗将面临全新的工作环境，心中不免有些忐忑。由于所学专业是世界近现代史，对香港问题的来龙去脉有所了解，知道脚下这条小小的河流虽然隔开了深圳与香港的山水地理，却连接着中华民族从屈辱到崛起、从封闭到开放的历史轨迹。小河从眼前一闪而过，那弯弯的河道，却在心底留下不可磨灭的印象。此后，一是由于工作需要，二是兴趣使然，我开始有意识地搜罗有关资料，了解深圳河的前世今生。2009年国庆节，还创作了一首抒情长诗，题目就叫《深圳河的述说》。曾不止一次地想，要是能像游其他河流那样近距离地游览一次，该有多好啊！

机会终于来了。2010年10月，我带着香港中联办写作组在深圳贝岭居写材料。一天下午，经好友孙怀忠联系，时任深圳市政府外事办（港澳办）主任汤丽霞安排我们乘船游览了深圳河。深圳河并没有开辟旅游航线，我们一行七八人，乘坐的是一只不大的工程船。从罗湖桥附近的深圳河与布吉河交汇处入水，首先映入眼帘的是一片钢筋混凝土结构——深圳水务集团修建的滨河水质净化厂，沿岸还坐落着大大小小的工厂式建筑，途中零星遇到运沙的船。这些都没有什么特别，令人印象深刻的是两岸扑面而来的原始红树林，以及深圳湾里密密麻麻的蚝排。船驶过深圳湾大桥后返回，印象中风光很独特，水面却不是很清，不时有一些伴随异味的气流吹过，湿热黏稠。

时隔13年后，在有关方面协助下，我有缘重游这条航道。南国季晚，时令已过了立冬，深圳却刚刚入秋，明晃晃的日头还有些烤人。此次游河，行程稍短些。我们从皇岗码头上船，按计划17:00出发，17:30前到达深圳湾大桥，观赏当天17:40的日落。没想到，大家被沿岸奇特景色吸引，三番五次要求船长减速拍照，刚到深圳河与深圳湾交汇处，夕阳就已经在天边摇摇欲坠了。大家再一次要求船长减速，抢拍那一轮似乎稍纵即逝的猩红。很快，夕阳没入海面，天光迅速暗了下来，一群群候鸟飞过滩涂和蚝排，岸边万家灯火陆续亮起。

这时候，水面上泛起一片烟波，我似乎突然明白了深圳湾对岸的山岭和围村，何以得名流浮山、天水围了。试想，当古人迁徙的脚步来到这里，遥望茫茫大海，但见一湾碧波之上，天水成围，流浮为山，会产生几多浪漫的想象。那飘逸的动感，岂不正是诗仙李白《梦游天姥吟留别》的意境：海客谈瀛洲，烟涛微茫信难求；越人语天姥，云霞明灭或可睹……

两次乘船游览深圳河，把它的历史、地理和风物，它的美丽和神奇，形象地烙印在记忆里。然而，比游船河更难忘的，却是不久前骑自行车游览深圳河的经历。

那是7月中旬，为避开太阳光正面直射，我们设计了由东往西的骑行路线。早上5:30，天光尚未大开，一行5人就从沙头角口岸出发了。6:00左右，到达此行最高点梧桐山伯公坳，恰是日出时分，一轮红日从我们身后冉冉升起。稍事歇息后，顺盘山公路飞奔而下，很快到达长岭村，进入深圳河谷，再沿边防道前行。岭南水乡景观，偶尔吹过的夏日凉风，与边境上若有若无的神秘感，一齐向我们涌来，让人倍感兴奋。上午9:30许，穿过深圳湾大桥，抵达终点服务站。全长45公里，耗时4个小时，翻山岭，越溪流，尤其是一次性经过深港之间全部7个陆路口岸——沙头角口岸、莲塘口岸、文锦渡口岸、罗湖口岸、皇岗口岸、福田口岸、深圳湾口岸，实属难得。

根据一路骑行的切身感受，可以把作为界河的深圳河分为五段：一是从伯公坳进入深圳河蓄水区，千沟万壑间，动植物资源十分丰富，草木葱茏，百花灿然；二是自莲塘街道的长岭村起，到著名的罗湖桥，是深圳河上游河段，风光以原始芦苇丛为主，称莲塘河；三是从罗湖桥到皇岗大桥为中游河段，是深圳河沿岸最市井、最繁华的部分，亦是当前河套开发的核心区；四是皇岗码头以下，进入深圳河下游红树林片区，北岸有福田红树林自然保护区，南岸则有米埔湿地公园；五是深圳河入海口，即深圳湾，它虽然不包括在深圳河河流长度的统计数字内，却作为河的自然延伸，构成了深圳河流域生态整体性不可或缺的部分。

（三）

伯公，是岭南文化中对土地神的称呼。两座山峰相连的山坳处，通常建有土地庙，故称伯公坳，所以伯公坳是深港一带很常见的地名。梧桐山伯公坳作为沙头角河与深圳河的分水岭，位于当年中英分界线上，远近闻名。如今，武警边防部队伯公坳哨所后面的小山头上，还隐约可见港英当局修建的防御工事。那是1949年至1953年间，时任警务处处长麦景陶提议修筑的7座边防要塞之一，7座要塞通称“麦景陶碉堡”。这座碉堡坐落在700多呎（约合213.36米）的山岭上，因外形独特、直插天际又被称作“麦景陶教堂”。

咫尺之间，两座边防工事（伯公坳哨所与麦景陶碉堡）风格迥异，在初升阳光照耀下显出一种莫名的沧桑感。它们仿佛在提醒我们，此次骑行不是一般的户外山地运动，而是体验深港两地百年变迁的历史文化之旅。待我们沿盘山公路蜿蜒下行至长岭村进入边境禁区后，这种感觉更明显了。

长岭村不大，沿莲塘河而建，原本是河对岸香港莲麻坑村的一个耕作点。后来深圳河成为界河，两岸难以正常往来，便独立成村了。长岭村并没有一座叫“长岭”的山岭，而是因为莲塘河上搭了一座小石桥通往莲麻坑村，原名长命桥，村子因之被称作长命村，后根据谐音改为长岭村。20世纪50年代初深港之间封关后，长命桥成为村民凭证过境耕种的口岸通道，遂改称“国际桥”。看着掩映在芦苇丛中锈迹斑驳的铁丝网，以及铁丝网下这座孤零零的小桥，半个多世纪的风雨岁月扑面而来。

目前，深圳河除了蓄水区和入海口，其他河段或多或少位于边防禁区内，不能随便进出。但是，长岭村沿岸作为河谷禁区首段，正在打造军民共建的“莲塘河碧道”，长约3.1公里，建成后将以预约方式向公众开放。过了罗湖桥，从鹿丹村到上步码头，也在修建一条“深圳河干流北岸碧道”，长约1.2公里。这两条碧道，加上可以预约进入的红树林公园，以及长达15公里完全开放的“深圳湾碧道”，真正的禁区就很少了。或许有朝一日，边防禁区的神秘面纱将被悉数揭开，一条从沙头角到深圳湾大桥的海关骑行线路或边境马拉松赛道应运而生，穿山林，过城市，越海滨，别有特色。

于我而言，与深圳河近距离接触，已经从一种念想变成了一种习惯，远远不止这两次乘船游览和一日七关的单车骑行。十几年来，我利用在香港工作的机会，多次到深圳河南岸的打鼓岭乡事委员会调研，深入香园围、莲麻坑等基层围村和罗湖口岸；回到深圳后，不失时机地走访深圳河沿岸街道办事处，包括上游河段的莲塘街道、黄贝街道，中游河段的南湖街道、桂园街道、南园街道，下游河段的福田街道、福保街道、沙头街道。至于在部分河段沿岸散步、骑车、远足等，更是不计其数。也许，这种近距离接触，不过是心理联结的物理实现。20年前与深圳河的匆匆结缘，化作思念的种子，在文化滋润的心田里生根发芽，破土而出。

（四）

深圳河原名罗溪，亦称滘水，什么时候改称深圳河，有不同说法。但有一点是肯定的，它从一条普通的山间小河，变成一条反映着国运兴衰的界河，为世人所知，是从1898年中英两国签署《展拓香港界址专条》后开始的。根据条约，深圳河与沙头角河连同构成两河分水岭的山峦沟壑，是大清与港英的边界。

其时，新安县有著名的深圳墟和深圳镇，但之前有没有人把近旁这条河流称作深圳河，没有查到相关文献资料。清嘉庆年间修纂的《新安县志》仍称这条河为滘水，其中“水”部有这样的记载：“滘水，在城东四十里，发源于梧桐，右莆隔，左龙跃、双鱼诸山，西流曰钓日河，北出曰大沙河。二支分流，至滘山合流而西，曰滘水，经黄冈，逶迤四十余里入后海。”道光年间，两广总督阮元组织重修《广东通志》，仍采此说。文中的钊日河、大沙河应指今天的莲塘河、沙湾河，是深圳河上游的两条主要溪流。两河在三岔河口交汇后称滘水，为深圳河中下游干流。莆隔今名布吉，黄冈今名皇岗，后海则是深圳湾的原名。

1899年3月，中英两国派出特使主持勘界。时任港英政府辅政司骆克作为英方代表，向伦敦提交《香港殖民地展拓界址报告书》，直接采用了“深圳河”（Sham Chun River）这一名称。报告写道：“该地最大的河流是深圳河，有北、东、南三条支流。北部支流起源于东莞县和新安县交界的群山，向西南流，在深圳以西汇入主流；东部支流源于沙头角的丘陵，向西流，在深圳以东汇入主流；南部支流发源于大埔墟以北的九龙坑，向西北流，在深圳下游一英里（约合1609.34米）处汇入主流。”

成为界河的深圳河，再不是一条普通的山间小河，而是一个充满家国情怀的存在。我曾在游记《梧桐烟云》中有过这样一段描述：倚天招凤亭并不大，兀立于小梧桐西南侧陡峭的石坡之上。视野十分开阔，蜿蜒曲折的深圳河一路西去，把两岸景致一分为二，北为深圳城区，南为香港郊野。从山脚下起伏的山地直至深圳湾大桥和烟波浩渺的伶仃洋，本应是渔歌晚唱的水乡，无奈变成了凄风苦雨的界河。山回水转，我仿佛看到了一个多世纪以来的沧桑：鸦片战争的硝烟，东江纵队的传奇，“三趟快车”承载的同胞情，改革开放潮起珠江，“一国两制”起伏跌宕……

可以说，没有鸦片战争就没有深圳河名称的由来。鸦片战争失败，开了近代中国向西方列强割地赔款的先例。而这也成为中国梦的历史起点，一代代中华儿女从此前赴后继，为中华民族重新崛起不懈奋斗。一河之隔，香港的特色和优势得到充分利用。孙中山领导辛亥革命武装起义，以香港作为军事指挥中心和经费物资筹措基地；中国工人阶级走上历史舞台，以香港海员罢工、省港大罢工为重要标志；如火如荼的大革命和土地革命战争，以香港作为革命联络的中转站；中国共产党开辟华南敌后抗日战场，香港成为东江纵队战略腾挪的支点……

这一切，深圳河都是最直接的见证者。中华人民共和国成立后，解放军勒马深圳河畔，对香港采取“暂不收回，维持现状，长期打算，充分利用”的方针，更是争取了巨大的战略主动。在这条小小河流的牵制下，英国成为第一个承认中华人民共和国政府的西方国家，有力地打破欧美对中国外交的封锁。中苏关系交恶后，香港几乎成为中国唯一出海口，通过深圳河，打开了中国开展国际经济联系的通道，为中国重返联合国起到了举足轻重的作用。作为中美关系破冰之旅的“乒乓外交”，也是在深圳河罗湖桥上迎来了第一支访问中国内地的美国乒乓球队。包括钱学森在内的一批批国家建设急需的顶尖科学家，从欧美各国辗转来到香港，经罗湖桥进入深圳镇，踏上了共和国的土地。

自20世纪60年代初起，国家对外经济贸易部和铁道部开通三趟快车，编号为751次、753次、755次，分别由上海、郑州、武汉始发，满载内地输港鲜活商品，运往香港。由于三趟快车定班定点，每日开行，中途除加水外一路不停直达深圳，再分装运抵香港，彻底改变了此前零散货物列车运载时间长、作业环节多、线路不固定、设施不配套，致使活畜活禽死亡率高、鲜果时蔬易腐烂的局面。“三趟快车”的开行，解了香港燃眉之急，又为国家创造外汇，把两地血浓于水的同胞情谊，淋漓尽致地展示在世人面前，深圳河成为一条温暖的河。

（五）

在短短40年里，深圳从一个数万人出走的小县城，发展成为一个近两千万人投奔而来的移民之城。

这边厢，中国改革开放的“开山炮”在深圳河沿岸轰然炸响：上有罗湖开发区移山填湖的开山炮，下有蛇口工业区移山填海的开山炮。双炮齐鸣，百炮呼应。在这场开天辟地般的社会变革中，古老而年轻的深圳河边，走南闯北的弄潮儿，成为最靓丽的时代风景。

那边厢，香港回归祖国，洗刷民族百年耻辱。1997年6月30日夜，大雨滂沱，人民解放军跨过深圳河，中国政府对当年从河北岸分离出去的这片土地恢复行使主权。随着时间的推移，“一国两制”实践在不断探索中走向成熟。

这一全新的时代背景，让深圳河充当了“一国两制”前方与后方的通道，成为中国共产党勇担历史使命，把实行社会主义制度的内地和实行资本主义制度的香港“两个建设好”的见证，进而成为深港双城合作、共建粤港澳大湾区的载体和象征。

深圳河是“一国两制”两种社会制度的分界，是当今世界两大移民城市的夹缝，又何尝不是它们的结合部和纽带！在历史与现实的激荡中，这条小小的河流被赋予了特殊的定位和使命。深港之间从产业合作到服务业合作，再到全域城市合作，深圳河的影响无处不在。河上的几座桥梁，无论是作为跨境耕作口的“国际桥”，还是有“第一哨”之称的罗湖桥，以及车水马龙的皇岗大桥和深圳湾大桥，或小或大，都不是单纯的物质存在，而同时是特定历史文化的象征。河套深港科技创新合作区呱呱坠地，更是画龙点睛，有望成为粤港澳大湾区高质量发展的重要引擎，意义非同凡响。

深港合作由来已久，涉及广泛，但以前的合作平台都建在深圳境内，河套是第一个同时拥有港方园区和深方园区的平台，标志着双城合作进入新阶段。深圳河作为深港两地的界河，也完成了从分隔到聚合的蝶变。

河套深港科技创新合作区与其他合作平台的根本区别，不仅在于它以科创为主题，有望全面激活双城合作的动能，同时在于双方园区协同发展，充分发挥香港背靠祖国联通世界的超级联系人作用，建立更加完备的科技创新生态体系。国务院出台的河套合作区发展规划虽然立足深圳园区，却着眼加强深港合作，打造粤港澳大湾区国际科技创新中心重要极点，率先融入全球创新网络。所以，河套的开发建设，绝不是深圳一家就可以做的事，甚至不是深圳和香港两家就可以做的事。它作为打造广深港科技创新走廊的重要一环，首先是大湾区的；作为构建新发展格局战略支点的最新举措，也是国家的；作为着眼全球配置一流科创资源的战略高地，则是世界的。

一河两岸，深圳与香港的合作，哪里只是两个城市之间的合作，它具有更加宏阔的背景。深圳经济特区与中国特色社会主义先行示范区“双区叠加”，香港继续发挥国际金融、航运、贸易中心的独特优势，深港共同为粤港澳大湾区打造新发展格局的战略支点提供强大动力。此情此势，深圳河又一次迎来了自己的大时代！

2025年是深圳经济特区建立45周年，不由想起共和国60华诞时创作抒情长诗《深圳河的述说》的情景。那份触动，那份畅想，迄今历历在目。摘录数段，以感怀，以祝愿——

这条曾经被唤作罗溪的小河
原本是南国山村悠闲的内河
月光下酝酿田园诗和爱情歌谣的地方
就像　桨声灯影里的秦淮河
就像　桃红柳绿的瘦西湖
就像　如梦似幻的黄浦江

可你突然有了一个冰冷的名字　界河
那是一道国仇家恨的伤口
稀里糊涂划在母亲的躯体上
从此天昏地暗　风雨苍黄
林则徐的古炮台荒草萋萋
革命党人的旗帜猎猎作响

有谁清楚　居住在这条小河边的
哪些人来自深圳　哪些人祖籍香港
去问问福田滩涂的红树林吧
去问问皇岗村头的篱笆墙
四村八乡多少偷渡客的血泪　洒在
那条南下淘金的悲情路上

有谁想到　一河两岸风生水起
杀出血路　空谈误国实干兴邦

那分明是中华民族积淀百年的期盼
分明是六十年前共和国领袖睿智的目光
冒雨渡河的将士肩扛沉甸甸的责任
世纪老人在国贸大厦深情凝望

新世纪的曙光悄然升起
古老的土地吸收着崭新的营养
北天神韵　南海传奇
东土文化　西洋风尚
“一国两制”空前丰厚的内涵
温暖五千年苍凉的胸膛……

南头：中华海洋文明的历史地标

记得当年湖南地图出版社首次推出竖版中国地图时，曾许下这样的愿景：通过给读者提供更为完整而直观的中国版图概念，提高全民海洋大国意识，维护国家领土主权和海洋权益。

而今，中国正阔步迈向世界舞台中心，把传统大陆国家建设成为现代海洋强国，赫然提上议事日程。这是一个崭新的发展视角，让我们对时代变局下地缘政治的认识豁然开朗了。

当你站在一幅竖版中国地图前，从大陆视角转向海洋视角，深圳、香港一带再不是南疆边陲，而是中华海洋大国的地理中心。基于这一新国土观，我来到南头古城，仿佛看到了中华海洋文明兴衰沉浮的文化标本，令人浮想联翩。

（一）

在传统思维里，中国是典型的大陆国家。海洋向来被视为天下的尽头，故有“天涯海角”之喻、“奔流到海不复回”之叹。其实，中华民族的海洋基因悠远而强大，可以追溯到秦始皇数次遣徐福东渡扶桑，追溯到起于汉唐兴于宋元的海上丝绸之路，追溯到明代郑和七下西洋……

南头古城位于深圳西部南头半岛上。半岛如巨锚入水，东濒深圳湾，西临珠江口，南向伶仃洋。据文献记载，这里早在三国时期就出现了小城镇。东晋咸和六年（331年），析南海郡东部置东官郡，下辖六县，南头属宝安县，并为郡治、县治所在地。后来，随着海洋和边防政策反反复复，东官郡数次拆并、更名和废立，南头一度没入岁月的尘埃。

南头重新进入历史视野，已是明万历元年（1573年）的事了。当时，新皇即位，持续数十年的开海与禁海之争结束不久，开海派占了上风，被称为中国古代海洋贸易绝响的“隆庆开关”方兴未艾。为顺应开放海禁的大形势，加强海防和海上贸易，新安县从东莞县析置独立，辖地包括今天深圳大部及香港全域，县治设在南头。时隔800余年，这里终于又有了县级行政建制，朝廷赐名“新安”，取“革故鼎新，去危为安”之意，南头古城也因此被称作“新安故城”。

我与新安的缘分，始于2004年从北京派驻香港工作，在那里生活了16年后转岗来到深圳。这方水土，势必成为自己人生旅途最久的栖息地。刚到深圳不久，就慕名前往南头，去感受这座号称“深港历史文化之根”的古城独有的韵味。南头作为深圳城市的原点，见证了城市中心的形成、东移与回归。从南头古城的沧桑巨变中，我重读了深圳和香港的同源流变，重读了古老的海上丝绸之路，也重读了粤港澳大湾区和“双循环”新发展格局……

新安县自1573年建置以来，经历了明清两代开海、禁海、迁界、复垦等海防和海上贸易政策的反复折腾。特别是19世纪后半叶，在一次次不平等条约的屈辱中，被迫划出一片片土地组成后来的香港，本县所余之地不足2/3。深圳和香港的故事，其实就是新安县变迁的故事。当我步入南头古城里仿建的新安县衙，看着大堂上威武的县令塑像，忍不住想：多少影响历史进程的决策，是在这个笼罩着落寞夕晖的衙门里作出的呢？

墙上挂着一幅老照片，展现了1899年中英两国特使勘界竖碑的场景。画面中，英方代表骆克（时任港英政府辅政司）趾高气扬，中方代表王存善（时任虎门同知，管理广州税局）神情沮丧。这本在预料之中，可令人意外的是，并没有立正式的界碑，“大清国新安县界”七个大字写在一块长条形木牌上。给人的感觉，与其说是两国勘界竖碑，不如说更像民间社团插个牌子举办一场临时活动。这很不符合英国人做事的习惯，他们每次签订拓殖占地条约后，都会郑重其事地举办一个仪式，所有文书器物都不能马虎，以彰显大英帝国的威严。

这次完成对新界的占领，港英殖民统治在原来香港岛和九龙半岛的基础上，一下子扩大了八倍多，使香港这颗“英国女王皇冠上的明珠”更加耀眼。勘界竖碑是何等重要的仪式，没有理由如此敷衍。事出反常必有妖！事实上，人称“中国通”的骆克在《香港殖民地展拓界址报告书》中明确提出：重要的是应该将深圳纳入租地内。他理想的中英边界，是一条沿山脊而行的自然边界，与1980年代深圳经济特区“二线关”中段高度重合。阴差阳错，英国人的图谋没有得逞。否则，新安县不会留下2/3，而是近半壁河山落入英国人之手。

历史把深圳镇留在了新安，南头镇继续作为县治存在了半个多世纪。后来，广九铁路开通，深圳镇占尽地利，日渐繁荣，宝安县（新安县1914

年恢复宝安旧称）因应城市重心东移，于1953年将县城迁至深圳镇。

（二）

今天的南头古城，已成为深圳城中村改造的样板项目，以文化创意产业闻名，吸引了无数前来打卡的游客。当我走在古城修旧如旧的青石板路上，感受着这片土地的兴衰往复，别有一番滋味。

一座千年古城，何以沦落为城中村？我咨询了深圳经济特区的一些早期建设者，也通过查阅《新安县志》寻求答案。新安自万历元年立县以来，修志比较频繁，明清两代各有三部。据年代最近的嘉庆县志记载，新安县有两大突出特点：其一，广东沿海州县，皆抵海而止，唯新安一县，内洋岛屿，下有居民，与他所不同；其二，全县计有570多条本籍村、270多条客籍村的记载，两者占比约2：1，以客家迁徙为代表的移民文化迄今仍是深圳和香港地方文化的鲜明标识。

这样的县域特征，决定了南头虽然建城历史悠久，但内核始终是经略边防及海上贸易。因此，南头作为县城，与内地县城的明显差别，是本土文化的积累不够，随政策和移民的变化而起伏涨落，缺乏稳定性和延续性。从万历朝到嘉庆朝短短250年间，竟六修县志，也从一个侧面反映了这种变化的烈度。

新安县的设立，是大明王朝主动开放海禁的产物。就在新安建县同一年，两艘满载中国丝绸和瓷器的商船经马尼拉驶往墨西哥，中国加入了由西班牙主导的存续两个多世纪的大帆船贸易网。两年后，形成固定的“广州—拉丁美洲航线”。自此，一条横跨太平洋的“中国制造”出海之路，与传统的横跨印度洋抵达东非和欧洲的海上丝绸之路，一东一西，呈呼应之势。

据万历九年（1581年）刊印的《苍梧总督军门志》所附海图，在南头寨正南水域，赫然标明：凡西洋船由此出入。八个大字，凸显了南头的咽喉地位。当时，新安县才从东莞县分设不久，人们仍习惯于视东莞为县城，而把南部沿海地带，包括现在的深圳、香港以及整个珠江口东侧海域，泛称南头。这座位于海上丝绸之路两条主航线交会处的新安之城，很快成为沿海行政中心、海防要塞、海上交通和对外贸易集散地，繁盛一时。商旅往来，人文荟萃，新安八景，气象万千。一座富甲岭南、融会中西的大城，呼之欲出。遥想当年，千帆竞发，行走天下，何其豪迈！

可惜，好景不长。正当绵延千年的海上丝绸之路贸易在元、明两代达至巅峰时，欧洲列强开始进行全球性海上殖民扩张。与地理大发现相伴生的大航海冒险活动，开启了世界性海洋贸易新格局。西欧商人的海上扩张，改变了传统海上丝绸之路的和平贸易主基调，商业活动常常伴随非法贸易、战争硝烟和武装抢劫，甚至沦为海盗般的殖民掠夺。

面对复杂严峻的内外形势，明王朝基于海防安全和经济压力的考虑，频繁调整边防和海洋政策，在开海与禁海之间不断变更，朝野士人亦各持己见。尤其是明朝末年，短短十数年间，就经历了天启元年（1621年）开海、天启四年（1624年）禁海、天启五年（1625年）开海，崇祯元年（1628年）禁海、崇祯六年（1633年）开海。海洋政策极不稳定，像南头这样的沿海城市首当其冲，发展难以持续。

清朝初年，为了防止沿海居民接应郑成功反清，边防和海洋政策更是从所谓“寸板不许下海，片帆不许入口”的禁海，发展到不顾一切后果的迁海。康熙元年（1662年），下令内迁50里；康熙四年（1665年），再内迁30里。不愿内迁者，格杀勿论。沿海居民深受其害，并殃及远在南海诸岛谋生的渔人和商贾，他们不得不放弃家园，或被迫内迁，或远逃海外。福建、广东沿海地带顷刻荒芜一片，百业凋零，哀鸿遍野。因海而生的新安县，顿失立锥之地，康熙五年（1666年）被撤销建制，重新并入东莞县。三年后，在当地士绅反复上书游说下，新安县得以复置，县治仍在南头，但再难恢复当年盛况。

不过，虽然朝廷消极经略海疆，使海洋生态日渐衰落，但开海呼声从未停止。民间海洋力量在曲折中顽强发展，中华民族的海洋基因克服海禁政策的反复挤压得以延续。更有意思的是，禁海把民间海外贸易逼成了走私，地方各级官府为了牟利，与驻军、商帮形成合力，使私商贸易有了生存空间和成长土壤，华南反而成为中西贸易和文化交融之地。这种文化传统历数百年而不衰，下南洋代代相袭，形成独具特色的海外华商社会和华商网络，并为改革开放潮起珠江埋下了伏笔。

（三）

南头古城枕山面海，大致呈长方形，东西最长680米，南北最宽500米，四周曾有壕沟环绕。这一城市格局，始于明洪武二十七年（1394年）。当年，为加强南疆海防，同时设立了东莞守御千户所（南头古城）和大鹏守御千户所（大鹏所城），隶属南海卫。后来南头以所城为基础建新安县城，兼具防御功能。大鹏所城则专司海防，行政管理归属新安县。

南头俗称“九街”，因城内街巷纵横，辟有县前街、显宁街、永盈街、聚秀街、和阳街、迎恩街、五通街、牌楼街、新街等9条街道。600多年来，建筑有增减，格局变化不大。20世纪50年代，宝安县将县城迁往深圳镇蔡屋围，南头人口减少，街巷日渐破败。20世纪70年代末，改革开放潮起珠江，蛇口工业区和深圳经济特区相继成立，外来打工者逐渐成为南头居民的主体，使其演变成一个拥有3万余人的城中村，而流动人口占比高达90%。

进入2010年代后，随着深圳城市重心西移的步伐加快，对南头古城的活化改造被提上议事日程。2017年，“深港双城双年展”在南头举办，开启了南头古城从城中村到创意艺术特色街区的蝶变之旅。双年展秉承古城保护与重生的设计理念，梳理出一条将空间改造与展览植入高度融合的活化思路：以点状分布的建筑物与室外场地串联，重建匮乏的公共开放空间系统；以介入实施为导向，以文化创意活动为载体，由点及面渐进式激活古城复兴。

活化改造后的南头古城，体现了岭南人对海洋文化的不懈探索和抗击外敌的爱国爱乡精神，也体现了深圳文化的多样性、立体性、包容性，具有政治、军事、贸易、民俗、宗教等多重文化价值。可以说，今日南头承载着海洋城市文明世代变迁及深圳各个历史时期的文化积淀，是难得的将千年文化谱系与40年中国高速城市化过程全光谱呈现的文史样本。

从新旧不同、类型各异的建筑中，可以读出南头古城多样化的文化符号意义：南城门上小篆阴刻的“宁南”二字以及东城门上“制控南疆”四个大字，彰显南头古城的军事价值和战略地位；陶米公钱庄、新安烟馆、义利押当铺等，反映了清代城市建筑文化的典型特征；始建于清同治年间的东莞会馆，展现绵延不绝的商会文化；关圣帝庙表现岭南人对关公的传统崇拜，“儒称圣，释称佛，道称天尊，三教尽皈依”这句话很好地诠释了关公信仰在岭南地区的多元性和包容性；信国公文氏祠则是对一代抗元名臣文天祥浩然正气的彰扬……徜徉其间，但见特色酒水吧、休闲手作坊、文创旅店、专题展馆以及街头雕塑等，或繁或简，穿插错落，别致而和谐。

特别值得一提的是，在林林总总的旧馆新铺之间，立有一块“正音碑”，不免让人想到新安县的前世今生。不管是当年的晒盐场和边防要塞，还是今天的经济特区，这里始终是一个移民聚集地。八方杂处带来语言交流上的障碍，大约是地方官立碑正音的初衷吧。

南头古城往南六七公里，有著名的蛇口工业区。1979年开山第一炮，唤醒了中华民族的开放基因和海洋记忆。颇耐人寻味的是，蛇口奇迹的主要缔造者是招商局第29任掌门人袁庚，而1899年中英勘界竖碑的中方代表王存善，亦于1910年代担任过招商局第5任掌门人。看来，招商局作为中国第一家现代轮船运输企业，在中华民族海洋记忆中的确具有标志性。

（四）

南头古城千年变迁，表明深圳自古以来就是有着重要战略价值的边城。坊间每以“小渔村成长为大都市”来描述深圳，其实并不准确。倒是听过一个说法，发人深思：中国自秦代设立郡县制两千年来，以县域经济总量论，雄居榜首的无疑是深港双城的母体——新安县。而其中的关键，在于海洋的活力。

新安县因海而生，香港是海洋贸易时代的产物，深圳也在努力打造成为全球海洋中心城市。如今，深圳的海洋产业已初具规模，运输、旅游、能源、渔业等传统产业不断转型升级，工程装备、电子信息、生物医药、现代服务等新兴产业方兴未艾。近年来，《深圳市全球海洋中心城市建设行动计划（2022—2025年）》《深圳市海洋发展规划（2023—2035年）》相继出台，预示着海洋经济对全市经济的贡献度将不断提升，海洋文化对深圳城市发展的模铸功能可望全面激活。

回望人类历史，自大航海时代以来，交通便利的港口城市逐渐成为要素资源汇集的发展高地，并辐射带动周边地区。据世界银行统计，全球60%的社会财富、75%的大都市、70%的工业资本和人口都集中于大江大海交汇地带。从纽约湾区到旧金山湾区，从东京湾区到粤港澳大湾区，湾区的出现，已然成为大国崛起的标配。实践表明，湾区具有集聚经济要素、形成规模经济的强大效应，对世界范围优质要素资源的流动有着巨大的控制力和影响力。同时，湾区因承担着全球性贸易往来和文化交往的功能，通常展现出开放包容的人文氛围，开一国一地风气之先。

随着粤港澳大湾区建设如火如荼展开，在打造世界级城市群进程中，深圳因其特殊的地理位置和创新属性，发展水平遥遥领先。南头古城所在的南头街道，是南山区党政机关所在地。南山区经济总量2024年达到9500亿元，占整个深圳市经济总量的1/4，已多年蝉联“中国城区经济高质量发展百强名单”榜首。

南头之南，有大南山，山顶有齐天亭。登临其上，鸟瞰周边风物，不禁想到嘉庆版《新安县志》中的十余幅插图。图中所绘境内山形水势、城郭墟市、学宫寺院、海域海防、新安八景等，反映了当时当地特有的生活方式、宗教信仰、人文风貌，对模塑今天深港两地文化传统，形成共同精神纽带，有着重要启示。

碰巧，就在新安建县的1573年，四川泸州某酿酒作坊（现泸州老窖公司的前身）建了一个窖池群，连续使用至今，并因此诞生了一款浓香型名酒——国窖1573。中国白酒以清、浓、酱为主体香型，浓香型白酒因其特殊的制作工艺，口感绵柔，层次丰富，回味悠长，天生有一种思乡怀旧的调性。据说深圳市有关方面曾与四川泸州老窖公司沟通，拟共同推出系列活动，以纪念1573年的文化遗产。如果以此为切入点，唤醒深港双城山水相连、文脉相通、亲缘相袭的历史记忆，推动香港更好融入国家发展大局，促进两地合作发展，共圆中国梦，则善莫大焉。

前海：

大湾区之眼

在珠江入海口东侧，深圳宝安区与南山区接壤处，有一个形似大铲的岛屿，名大铲岛。大铲岛以北有一小岛，相应得名小铲岛。大、小铲岛如门户，守护着一片面积约30平方公里的半月形水域，名大铲湾，即鼎鼎有名的前海。粤港澳大湾区如巨龙之首昂然于南海之滨，前海正处于龙眼位置，人称“湾区之眼”。广深沿江高速公路飘逸北上，如精心描绘的眼线。湾畔有摩天轮，被命名为“湾区之光”。无论是“湾区之眼”还是“湾区之光”，都是文学性的比喻，却也有地理上的依据。粤港澳大湾区打造世界级城市群，“香港—深圳—广州”构成了一条主轴，对周边城市产生着广泛而深刻的辐射作用。深圳居于主轴中心，地形东西狭长，山脊逶迤隆起，天生具有龙腾虎跃之意象。而前海深港现代服务业合作区的设立及其迅猛发展势头，确有画龙点睛之妙。

（一）

前海作为地名，迄今已存在数百年，但声名日隆却是近几年的事。正因为如此，前海有了狭义与广义之分。

狭义的前海，专指大铲湾水域，得名于明中叶。万历元年（1573年），新皇即位，朝廷为了加强海防，经略海疆，析东莞县南部滨海地带及沿海岛屿另置一县，取名新安，辖地大致相当于今天的深圳和香港。新安县治南头城，枕山面海，前临大铲湾，故称前海，城后亦有一狭长海湾，称后海，即如今的深圳湾。

大铲湾一带，历来是华南海贸要津和海防要地。1898年，英国迫使清政府签订《展拓香港界址专条》，西起深圳湾，东至大鹏湾，沿深圳河、沙头角河以南近千平方公里土地被英国强租。因此，在清至中华民国时期，沿线设有若干海关。大铲岛上也建了一个海关，并成为中国最早的海上海关，迄今已有100多年历史。

广义的前海，则指前海深港现代服务业合作区。在2021年金秋时节，《全面深化前海深港现代服务业合作区改革方案》以中共中央、国务院名义向社会公开发布，前海合作区大扩容计划尘埃落定。这片最具创新活力的南国热土，从最初仅限于大铲湾东南岸14.92平方公里陡增至珠江入海口东岸120.56平方公里。一片背靠莲花山逶迤余脉、面朝伶仃洋广阔水域的现代化城区，在南海之滨豁然展开。

扩容后的前海合作区，与深圳湾超级总部基地连在一起，将两大GDP强区南山、宝安的“脸面”尽纳其中，构成深圳市倾力打造的西部滨海经济走廊。新前海由五大片区组成，溯江而上，依次为蛇口及大小南山片区、三湾片区（原前海合作区）、宝安中心区及大铲湾片区、机场及周边片区、会展新城及海洋新城片区。五大片区地理相接，历史相袭，从蛇口工业区炸响开山第一炮到深港现代服务业合作，再到航空新城、会展新城、海洋新城建设，俨然深圳改革开放进程的缩影。

其实，今天的前海经过了两次扩容。2010年前海合作区成立时，的确只有大铲湾东南岸一小块地方。2015年深圳前海蛇口自贸片区挂牌，可视为前海第一次扩容，形成“三城一港”的格局，即前海片区的桂湾金融商务城、前湾综合产业城、妈湾自由贸易城和蛇口片区的国际枢纽港。2021年再次扩容后，面积与以前已然不在同一量级，而且功能更加完备，更能体现前海合作区的初心和使命。

据有关方面介绍，前海扩容后将进一步完善四大功能定位：深港合作先导区、体制机制创新区、现代服务业集聚区、结构调整区。重点发展六大现代服务业：创新金融、现代物流、总部经济、科技及专业服务、通信及媒体服务、商业服务。城区建设将借鉴香港及国际经验，充分利用山、海、滩等自然景观，突出人文传统和科技创新，为深圳创建社会主义现代化强国的城市范例作出前海贡献。

（二）

我与前海结缘，始于2014年秋冬之际。当时，我任香港中联办青年工作部部长，为了破解“年轻一代向何处去?”这个难题，把目光移向近在咫尺的深圳。就在这年初，深圳市政府工作报告中首次出现了“湾区经济”概念，提出深圳将依托毗邻香港、背靠珠三角、地处亚太主航道的优势，重点打造前海湾、深圳湾、大鹏湾、大亚湾等湾区产业集群，把粤港澳城市群联动的湾区作为一个整体来规划。这一突破性思路，让人们看到了香港未来的方向：依托粤港澳大湾区，融入国家发展大局。

前海，作为内地第一个明确定位“依托香港、服务内地、面向世界”的合作区，在深港青年交流合作中大有可为。2014年12月7日，由深港两地青年组织与前海合作区共同打造的“前海深港青年梦工场”正式开园。随后，在各方大力支持下，数百支深港青年创业团队陆续入驻梦工场，创科创意之风蔚然成势。

梦工场之所以选择12月7日开园，是为了纪念一个特别的日子。两年前，习近平当选党的总书记不久，率新一届中央政治局常委到国家博物馆参观《复兴之路》展览。在那里，他第一次阐释了中国梦的内涵。随后，总书记开启基层视察之旅，12月7日首站抵达前海。从这一点看，前海可以说是中国梦启航之地。筹建前海深港青年梦工场，正是希望打造一个深港两地青年共同圆梦的平台，以创新创业为载体，把对个体生命的价值追求融入国家和民族发展的同频共振之中。

果然，前海是被寄予厚望的。总书记视察之后，这里便成为十余年来广东省、深圳市主要领导履新调研第一站。一方主政者履新，第一次调研去了哪里，讲些什么，往往会向外界传递出他们的优先关切和施政思路。前海的标杆意义，便在这一次次调研行程中愈益凸显出来。这也预示着，前海之路，任重道远，只能成功，不容有失。

2018年10月24日，时值中国改革开放40周年之际，习近平总书记再次视察前海。2020年10月14日，习近平总书记第三次来到前海，出席深圳经济特区建立40周年庆祝大会。昔日的滩涂，如今树影婆娑、绿草如茵、高楼林立，一派勃勃生机。在前海石前，习近平同前海建设者和见证者代表同话沧桑巨变。他指出，实践证明，改革开放道路是正确的，必须一以贯之、锲而不舍、再接再厉。深圳要扎实推进前海建设，拿出更多务实创新的改革举措，探索更多可复制可推广的经验，深化深港合作，相互借助、相得益彰，在共建“一带一路”、推进粤港澳大湾区建设、高水平参与国际合作方面发挥更大作用。

（三）

顾名思义，前海深港现代服务业合作区应体现两大要点：一是谁与谁合作：深圳和香港；二是在什么领域合作：现代服务业。两个方面互为表里，相辅相成。

十多年来，前海作为“经济特区中的特区”，发扬敢为天下先的经济特区精神，实现一年一个样的变化。同时，引进港资和港智方面也取得长足进展，实际利用港资占前海实际利用外资的九成以上，一批香港专业人士到前海就业、兼职或进入专家库。实践表明，前海在支持香港融入国家发展大局中发挥了“桥头堡”的作用。

毋庸讳言，由于种种原因，特别是受新冠疫情影响，前海“港味”尚显不足，服务香港功能未能充分发挥。首先是香港居民规模较小，无论永久居民或非永久居民，在前海获取生活、交通、医疗、教育等资源的便利度都不够，原前海合作区范围内缴纳社保的香港居民仅有2000余人。同时，港资企业的发展未达预期，尽管累计注册数有一万多家，但在地经营的不足200家。而且，港规港标与前海对接不畅，深港两地规则衔接滞后使有关领域执业资格和资质互认困难重重，香港专业人士及港企业务拓展受到限制，“大门开了，小门不开”或“大门小门都开了，进门却发现无路可走”的情况时有所见。上述种种，导致体现香港特征的时尚文化、商务氛围、法治和契约精神等人文环境建设在前海尚不理想，区内功能单一，生活气息不足，活力不够，即便在三湾片区这样的核心区域，夜晚也是灯火阑珊，人流稀少，宛如空城。

提升前海“港味”，具有重大价值：对前海来说，增强深港合作地方特色，提高前海在境内外的辨识度，打造国际化营商环境的“前海样板”；对深圳来说，引入香港法治化、国际化基因，把前海建设成为中国特色社会主义先行示范区和社会主义现代化强国城市范例的窗口平台；对深港合作来说，文化搭台，经济唱戏，大大促进深港合作发展，率先实现要素自由流动；对粤港澳大湾区建设来说，推动深港共塑高质量发展引擎，巩固双城的湾区核心地位；对“一国两制”实践来说，更好为香港提供发展空间，争取人心回归，助力香港融入国家发展大局。

基于这一认识，有关方面不仅高度关注前海合作区带来的直接经济效益，更是不遗余力地推进深港合作，全面提升前海的“港味”。2024年8月26日是前海合作区周年纪念日，前海管理局重磅推出《关于全面深化深港合作将前海深港青年梦工场打造为具有国际影响力新质生产力创新创业平台的行动方案》，以“深港同行·梦启前海”为主题，以前海深港青年梦工场为载体，发布系列支持政策，成立专项基金，同时举行若干特色项目签约仪式。

在这些特色项目中，有一项是专门针对提升前海“港味”的，即打造一个国际化的港味港韵街区。项目由前海建投集团和深圳市政协历届港澳委员联谊会共同参与，选址在具有核心区位优势的前海交易广场。街区将全方位引入具有港人港风港味的优质商业品牌与服务，促进深港商业及居民生活交流融合。其中，餐饮类企业不乏米其林、黑珍珠以及中华老字号等品牌商家。项目总营业面积3万平方米，计划引进企业200家左右，拟经过一年时间筹备，于2025年8月26日即深圳经济特区建立45周年时全面开业。

（四）

前海进一步加强深港合作，不但舆论呼声越来越高，项目落实也不断加速。特别是前海合作区大扩容后，“因扩而兴”的三大新城建设展现了空前巨大的发展潜力，使深港双城合作呈现出海陆空立体推进之势。

一是航空新城。深圳机场1991年通航，原名黄田机场，2001年改名宝安国际机场。宝安国际机场是深圳市的名片，也是香港人借道深圳飞往全国各地的中转站。机场位于前海和南沙的连接线上，而前海和南沙分别作为深圳和广州的两大平台，正着力打造成为香港更好融入国家发展大局的重要载体和有力支撑。众所周知，香港是亚太地区著名国际航空枢纽，将在粤港澳大湾区世界级机场群建设中发挥不可取代的引领作用。宝安国际机场近水楼台，与香港机场有着广阔的合作空间。无论是机场业务拓展、空域管理，还是飞机租赁、股权融资、临空经济发展，乃至航空管理培训，两大机场都可以开展深度合作。深港机场连接线建成后，车程只需20分钟。这样的合作一旦全方位展开，在粤港澳大湾区的中心将诞生一座真正名震天下的航空新城。

二是会展新城。会展经济作为现代服务业重要载体，是城市展示自身形象，发挥对外辐射带动、对内强化集聚作用的关键环节，为城市发展提供了强劲动力。长期以来，香港作为中西方“超级联系人”，在发展会展经济方面闯出了很大的名头。可惜，2020年以来的新冠疫情，使香港会展业遭受重创。但是人才还在，管理还在，经验还在，而特区政府和社会各界都表现出强烈的北向发展愿望。此情此势，前海打造会展新城正是取经和“捡漏”的好时机。

三是海洋新城。香港本身是海洋贸易时代的产物，而且作为资深国际航运中心，在船舶注册、融资及管理、海事保险、海事法律及仲裁等方面的专业服务能力领先全球。2020年，波罗的海国际航运公会宣布将香港列为继伦敦、纽约、新加坡之后第四个指定仲裁地，表明香港已跻身世界顶级海事仲裁中心之列。深圳正在努力打造全球海洋中心城市，随着一系列发展规划和行动计划出台，海洋经济对深圳经济的贡献度可望提升，海洋文化对深圳城市形象的模铸功能也将激活，深港海洋合作及相关国际合作是大势所趋。

国务院《前海深港现代服务业合作区总体发展规划》出台以来，前海正奋力开启时代新篇章，以陆海统筹构建协同发展的空间格局为基础，提出五大战略目标：联动港澳打造优质高效的现代服务业新体系，先行示范营造市场化、法治化、国际化营商环境，对标一流创建宜居、韧性、智慧的枢纽新城，面向国际建设高品质生活圈，创新机制探索区域治理新模式。

在前海展览厅内，赫然印着八个大字：世界前海、中国窗口。由前海而深圳，由粤港澳大湾区而“一带一路”，中国正向世界宣示：改革不停顿，开放不止步，以创新为不竭动力的中华儿女，将更好统筹国内国际双循环，翻开新的历史篇章，让世界刮目相看。

前海扩容后，位于伶仃洋北部边缘的虎门成了这片热土的起点。站在虎门大桥上看前海，你可以获得一个崭新的地理和历史视角。从地理上看，这里是珠江入海口，一种内陆大国走向海洋大国的气势喷薄而出。从历史上讲，虎门销烟是鸦片战争的导火索，鸦片战争的失败则揭开了中华民族遭受国家蒙辱、人民蒙难、文明蒙尘的命运，中华民族开启了伟大复兴中国梦的壮阔征程。

在三湾片区滨海休闲带的开阔处，伫立着一块两米多高的黄蜡石，人称前海石。上书“前海”两个通红大字，为改革开放总设计师邓小平手书集字。前海石的基座也是一块巨石，设计成波翻浪涌的形状。两石相叠，更显高耸，进一步突出了前海石的双重寓意：一是“扬帆起航”，改革开放再出发；二是“一石激起千层浪”，生机勃勃，奔涌不息。

前海，有着厚重的历史，而作为大湾区之眼，它始终注视着前方。

后海：

如今的名字叫深圳湾

深圳地形东西横卧，南临香港。深港之间，除了以深圳河和沙头角河为界，东头和西头还各有一个两地共有的海湾，即大鹏湾和深圳湾。深圳湾水体狭长，深入内陆，有三条河流注入：东为主流深圳河，发源于“鹏城第一峰”梧桐山；北为大沙河，发源于有“新安后山”之称的阳台山；南有锦田河，发源于香港最高峰大帽山。如此三龙入海之势，演绎着深港双城坎坷与辉煌交织的风水流变。

（一）

深圳湾，原本不叫深圳湾。关于这片海湾的最早记载，可以追溯到唐开元二十四年（736年）因海防需要在今天深港一带设立屯门镇，沿海水域泛称屯门湾或屯门澳。及至明万历元年（1573年），新安县从东莞县分置，设县治于南头。南头城倚山面海，这片海湾位于县城的后面，故称后海湾，亦称后海。县城前面也有一个海湾，原名大铲湾，则被相应地称作前海湾，亦称前海。清康熙《新安县志》有如下描述："后海，距县城五里，通于海，自西而东，北接梧桐山，绕护县城。"

据知情者透露，前海深港现代服务业合作区在规划设计的时候，本来是打算以"前后海"冠名的。报上去后，有关部门说前海就前海，后海就后海，怎么搞了个前后海，于是没有批准。结果，应了那句"名正则言顺，言顺则事成"的古训，如今前海之名如雷贯耳，人们只知前海而不知大铲湾，后海却鲜为人知，人们不知后海而只知深圳湾。

深圳湾取代后海湾，是一个渐进的过程。清康熙二十七年（1688年），"深圳"地名首次出现在《新安县志》上，即深圳墟，还有一个深圳墩台。后来，深圳墟日渐繁华，成为新安四大名墟之一。墟市往南有条河，原名罗溪，亦称滘水，后来改称深圳河。而深圳河是注入后海湾的最大河流，深圳湾的名字开始在坊间流传。20世纪初广九铁路开通后，由深圳墟发展而来的深圳镇占尽天时地利，渐成边陲重镇。1980年深圳经济特区建立，更使得深圳的名头响彻海内外。随着深圳之名广泛传播，深圳湾也逐渐取代后海湾，成为这片海湾的官方名称。

不过，鼎鼎大名的深圳湾，香港人仍习惯把它称作后海湾。在香港出版的地图上，也大多标注为后海湾。1997年香港回归祖国，中国地图出版社专门编制出版了一幅纪念版的香港特别行政区全图。香港与内地的分界用粗蓝色虚线表示，在深圳湾水域，深圳一侧标注的是"深圳湾"，香港一侧标注的则是"后海湾"。

有意思的是，在英汉双语地图上，后海湾的英文标注是"Deep Bay"。这个"Deep Bay"既不是后海湾的翻译，也不是深圳湾的简称，而是英国人习惯上指称的一种海湾形态，即湾口收拢而纵深较大的海湾。香港南区有一个深水湾，有一个浅水湾，情况与此类似。事缘1840年鸦片战争期间，英舰“复仇女神”号制作《珠江口及其岛屿图》，按惯例把这片水域标注为“Deep Bay”。1866年，意大利传教士和神父历经数载绘制出著名的《新安县全图》，采用了这一名称。港英政府继续沿用，作为一些市政设施命名的依据。比如沿海湾修建的一条干线公路，便被命名为“Deep Bay Road”，中文译作“深湾路”。

（二）

在深圳市前身宝安县时期，后海湾除了泛指深圳湾，还特指深圳湾西北部的一个小内湾。沿湾地带原是一片滩涂，周边有渔民居住，逐渐形成自然村落，因东临后海湾而取名后海村。从清乾隆朝开始，沙井蚝民陆续到后海湾开辟蚝田养蚝，并与对岸流浮山的蚝民合作。养蚝业的发展，引起对水体的圈占争夺，蚝民与渔民时有冲突。直到20世纪50年代，蚝民向政府申请在后海湾增放石头养蚝，走上了向深海养蚝发展的道路。人民公社化以后，成立后海大队，养蚝业与渔业作为主要产业，获得较大发展，尤以养蚝业远近闻名。

改革开放后，深圳经济特区建立，后海湾一带先后引进制衣厂、钟表厂、电子元件厂等多家企业，加之海水受到污染，养蚝业和渔业日渐式微。1988年开始对旧村进行改造，一批现代居民小区和高档写字楼拔地而起，后海湾逐步被打造成为南山区几大中心城区之一。目前，这里作为深圳市城市客厅的重要组成部分，以金融、文化、商务总部为主导功能，建有深圳湾体育中心、深圳湾文化广场、深圳人才公园等现代化优质配套设施，人来人往，充满活力。

整个深圳湾北岸，跨福田、南山两区，汇聚了深圳最具城市名片意义的建筑群，主要由三部分构成：深圳湾超级总部基地，后海商务总部基地，深圳湾豪宅区。凭借这两个总部基地坐镇，近百家世界级总部企业入驻，加上得天独厚的地理位置和海景资源，深圳湾俨然已是粤港澳大湾区的经济地标。中美贸易摩擦中扬名立万的粤海街道办事处，就坐落于此。

高速发展的深圳，大规模向大海要地，始于20世纪末。从东部的盐田港到西部的宝安国际机场，填海造地面积迄今已超过30平方公里。其中，在深圳湾沿岸填出来的大约6.5平方公里土地，是商业价值开发最充分的区域。漫步在这片凭空生长出来的高档城区和滨海休闲带上，你很难想象出当年滩涂的模样。据说深圳大学宿舍1990年代初还是海景物业，学校里有著名的“海望楼”，上楼能够看到海，往外走几步就是海滩。课余，同学们穿过红树林，下海游泳，顺便抓点鱼虾回宿舍改善伙食。现在都成了传说，海水已远在3公里开外。

如今，沿深圳湾北岸建起了长达15公里的海滨碧道，东起福田红树林自然保护区，西至蛇口海上世界，被誉为深圳最美步道。沿线分布着十余个主题公园，蜿蜒延伸如一串珍珠项链，大运会火炬塔矗立在中间点上。如果天气允许，我上班时会从火炬塔骑自行车到红树林，再改乘地铁到单位；周末晨练，则沿相反方向从火炬塔骑到海上世界往返。沐浴深圳湾朝晖夕阴，已然成为日常生活的一部分。一湾碧水，百态千姿，或晴空如洗，或烟波浩渺，或细雨迷蒙，无不引人入胜。

（三）

一湾相隔，在深圳湾南岸，首先映入眼帘的是与福田红树林连为一体的米埔湿地，然后由东往西，依次有天水围、流浮山及新界西垃圾堆填区。它们传达出来的自然历史信息，相比北岸一路狂飙似的发展，要丰富而复杂得多。

天水围位于新界元朗区，以前是一条小围村，20世纪八九十年代陆续发展成为可容纳30万居民的新市镇。天水围并不都是公屋区，也有私人屋苑和豪宅，但居民主体是普通平民，不少是新移民，包括通过婚姻移民的“内地新娘”。所谓贫贱夫妻百事哀，大部分新移民收入少，受教育程度低，家庭问题如父子隔阂、夫妻反目、邻里纠纷等突出，而社区文化十分缺乏。21世纪初，这里曾发生多起震惊全港的伦常悲剧，媒体密集追踪报道，将其贴上了“悲情天水围”的标签。

天水围第一次进入我的视野，是2008年和2009年相继上映的两部影片：《天水围的日与夜》和《天水围的夜与雾》。前一部是温情的，后一部是悲情的，但都反映了天水围作为新移民社区所面临的经济、社会、民生以及文化认同困境。“日与夜”通过一对相依为命母子的日常生活，揭示天水围多数居民其实过着与其他香港人并无两样的日子，以期消除人们对天水围的偏见。“夜与雾”则以2004年天水围灭门惨案为蓝本，讲述了中年离异的港伯李森和来自内地的晓玲一家的悲剧故事，希望唤起人们对天水围社区文化建设的关注。

如果说天水围印象的主调是感伤的，流浮山印象则带了些神秘。流浮山位于天水围以西，原本是一座小山，后来用于指代周边数条围村，盛产海鲜，尤以养蚝闻名。

我在2012年后去过两次天水围和流浮山，是参加香港青年社团组织的体验社区生活和帮扶基层家庭活动。当时的感觉，这里的萧索僻远与维港两岸的繁华喧嚣俨然两个世界，超出我们所能思及的范围。但认真想来，空间距离并不远，从中环出发，驱车深入这片社区的街头巷尾，也要不了一个小时。

现代社会，距离其实是相对的，它体现的是一种关注度。进入视野，天涯咫尺；视野之外，咫尺天涯。香港社会长期以港岛、九龙为中心，视新界北部为僻壤他乡。

位于深圳河和深圳湾沿岸的北区和屯门区，各有一个超大型垃圾堆填区，就是在这个背景下产生的。尽管堆填的垃圾经过处理，对环境的危害已减到最小，但远远望去，要么黄土裸露，要么被绿色塑料网罩住，仿佛青山留下的疤痕，让人梗刺在喉。

（四）

其实，从历史上看，由港岛、九龙、新界共同构成的香港地区，总体上以山地丘陵为主，而元朗盆地是难得一见的开阔平坦之处，也是这一带最早有人类活动的地方。直至鸦片战争爆发，整个香港地区都是南疆边陲，越是靠近内地的地方越发达。可以想见，当港岛还是一个偏远小渔村的时候，在元朗先民看来，天水围和流浮山无疑是充满吸引力的富饶家园。

从地理上讲，当你站在深圳一侧，透过烟涛微茫的深圳湾凝望对岸的游霞碧波，你会想象古人迁徙的脚步来到这里，向那片山水寄托了多少对远方世界的向往。一个秋日的下午，我与友人在华侨城一处高楼上餐叙，目光越过车水马龙的深南大道和滨海大道，但见深圳湾的一泓碧水静静地躺在那儿，对岸霞晖如泄，薄雾缭绕，山走城随。我突然意识到，天水围和流浮山，原来是很浪漫的名字。想想那一湾碧波之上，天水成围，流浮为山，充满了飘逸的动感，岂不隐隐是诗仙李白《梦游天姥吟留别》的意境：海客谈瀛洲，烟涛微茫信难求；越人语天姥，云霞明灭或可睹……

这一切，都与你在港岛、九龙获得的印象截然不同。那么，哪一个是真实的天水围，哪一个是本来的流浮山?

深圳湾山形水势，千百年来变动不大，不像前海湾因珠江泥沙冲积而一直处于变化之中。当然，随着时代变迁，沿岸亦呈现出不同风貌。而今这湾碧水，北靠深圳湾两大总部基地，西临前海深港现代服务业合作区，东接河套深港科技创新合作区和口岸经济带，一派欣欣向荣之势。南岸却是起伏绵延的野山和基围湿地，山坳里聚集着一些20世纪八九十年代建造的公寓楼和历史更久远的农家院落，透出老码头江湖社会的神秘、新市镇人文匮乏的悲情、远离主城僻壤荒郊的落寞……

看着深圳湾南北两岸的不同风貌，我想起一个传说、一个段子。传说当年英国人把维多利亚城（今香港主城区）建在港岛北部，而不建在地势更平坦的南部，是为了与维港对面的九龙城隔海相望，让新城的秩序与旧城的混乱形成对比，以展示大英帝国的富庶和文明。今天的深圳湾有些像当年的维多利亚港，只不过位置颠倒了：深圳市滨海地带迅速崛起的繁华，把对岸的停滞和落后淋漓尽致地衬托出来。段子讲一个偷渡客，准备夜里从深圳湾游去香港。在漆黑一片的海面上，他迷失了方向，搞不清哪边是香港，哪边是深圳了，只好根据灯光来判断，想着灯光更多更亮的一方肯定是香港，结果游了半夜，天亮后发现又游回了深圳。

传说也罢，段子也罢，一个不争的事实摆在那儿：深圳湾好似一面橱窗，展示着深圳、香港这对兄弟城市一个多世纪以来的沉浮变迁。而今，不时听到港人回流的消息。特别是新冠疫情期间，严防港人偷渡一度成为深圳湾及整个深港边境沿线街道社区的重要政治任务。

改革开放以来，深圳经济特区突飞猛进般的发展，重塑了珠三角的经济地理。近年来，随着粤港澳大湾区和深圳先行示范区建设深入推进，香港特区政府的目光越来越多地投向北方，传统城市格局将因应北部都会区计划发生改变，从偏安南隅的单中心走向南北驱动的双中心。天水围、流浮山以及整个元朗地区位居深港双城联动的枢纽，昔日的僻远之地正在蝶变为香港对接国家发展战略的桥头堡。

（五）

抚今追昔，我终究将目光投向了深圳湾的盈盈碧波。初秋的风拂面而来，黛蓝的水面微微起伏，旭日初升，霞光万点，一片银辉中酝酿着金色的浪漫，那才是这片深港共同水域该有的主调。深港双城故事来到新的起点，从制造业合作到服务业合作，再到全方位城市合作，两个滨海城市一路前行，势将依托深圳湾，拓展出无尽的想象空间。形象地说，当狭小的罗湖桥连上飘逸的深圳湾大桥，深港双城故事从小河时代迈入了大海时代。

香港方面，继第五届特区政府破天荒提出北部都会区计划以后，第六届特区政府甫一就职，新任行政长官李家超就致电广东省及深圳市主要负责人，表明要共同努力推进粤港澳大湾区发展，把合作推向更高台阶。立法会则在新特区政府就职前后不到两个月的时间里，分别提出香港对接深圳前海合作区和口岸经济带，融入国家发展大局的两个议案。香港各界迫切希望加快向北发展、推进港深合作的愿望，跃然纸上。

深圳市对香港各界的迫切愿望，给予了积极回应。各级政府及相关社会团体、智库组织和企业主体，纷纷展开调查研究，提出政策建议，启动合作项目。我曾出席一场别开生面的深化深港合作专题深聊会，由深圳市政协组织，在前海合作区举行。当时新冠疫情尚未结束，十余位来自全国、省、市、区四级政协及香港立法会的代表，以及深圳市发展改革委、大湾区办等多个职能部门负责人，覆盖政界、学界、商界，围绕进一步推进深港合作问题展开了三个多小时的线上线下交流。与会者一致认为，深港双城再次迎来了合作发展的黄金期。

珠三角是全球重要的候鸟迁徙中转站和越冬歇息地，深圳湾潮涨潮落，海边滩涂孕育了大量的鱼、虾、蟹、贝，为各类候鸟提供了丰富的食物来源。入冬以后，时有上万只鸬鹚飞临此处，或空中飞舞，或水面觅食，或临浦嬉戏，漆黑的羽毛在阳光下闪烁着金属般的光泽，像鳞片一般熠熠生辉，场面蔚为壮观。面对此情此景，不由人不感慨，时代大潮，波翻浪涌，古往今来，一代代弄潮儿北去南归，如候鸟迁徙，演绎着人生的喜怒哀乐，也演绎着城市的兴衰和世事的无常。填小令一首，名《长相思·深圳湾》，以抒怀：

山尽头　河尽头

望断流浮天水楼
烟波白鹭洲

天悠悠　海悠悠
万顷清波一桥收
岭南正好秋

一河两岸

中篇

老东门：

墟市、渔村以及那座桥

梧桐山西南麓，深圳河中上游，有一条著名的城中村，叫渔民村；村头有一座著名的桥，叫罗湖桥；附近还有一个著名的地铁站，叫老街站。这村，这桥，这站，呈半圆形拱卫着一片颇有历史渊源的区域，坊间唤作“东门老街”或“老东门”。

（一）

若把蜿蜒的深圳河看作从伶仃洋出海的一条蛟龙，渔民村与罗湖桥、老街站的连线宛然张开的龙口。龙口吐出一颗宝珠，便是历史上大名鼎鼎的“深圳墟”，清中后期位列新安县四大名墟，习称“深圳发源地”或“深圳原点”。其间，谷行街的农产品交易，鸭仔街的家禽买卖，维新路的小吃杂货，民缝街的布匹、缝纫及其他针线活，一应俱全。数百年后的今天，这里仍是深圳人气最旺的中心商业区之一，行政建制属罗湖区东门街道。

深圳墟，因1688年版康熙《新安县志》记录在册而首次将“深圳”带入历史视野。岭南称集市为“墟”，“赶集”为“趁墟”。墟市是小农经济时代手工作坊和商品贸易的集散地，用以交换农副产品和生产生活用具，通常是一个地区的商业及文化活动中心。深圳墟经过两百余年发展，至1911年广九铁路全线通车并在此设站，凭借得天独厚的区位优势成为周边地区最繁华、最具规模的城镇，即深圳镇。

在历史转折时期，墟市、集镇往往是当地社会变革运动的基地。老东门有两栋古色古香的小楼，一为思月书院，一为鸿安酒店。现存建筑均为移地重建，原址在百米开外。前者作为1925年省港大罢工期间十万罢工工人离开香港返回内地的接待站，发挥了重要作用。后者是叶挺将军1938年底到深圳组建抗日武装的司令部，他在这里很快拉起一支一万多人的队伍，为东江纵队的建立打下了坚实基础。中华人民共和国成立后，宝安县因应经济中心东移的实际情况，1953年将县治从南头镇迁往深圳镇。

20世纪50年代的深圳镇，除了经济文化设施领先大多数内地县城，还有一家涉外酒店，名华侨大厦，用于接待东南亚华侨。抗美援朝期间，战场急需的药品及其他战略物资，通过各种隐蔽渠道，经由罗湖桥和东门市场，源源不断运往北方。包括钱学森在内的一批批国家建设急需的顶尖科学家，从欧美各国辗转来到香港，经罗湖桥进入深圳镇，踏上共和国的土地。后来中苏关系交恶，这里更是成为中国经由香港与国际社会保持有限经贸往来和外交联系的标志性通道。1970年代初，作为中美关系“破冰之旅”的“乒乓外交”，也是在罗湖桥上迎来了第一个访问中国内地的美国乒乓球队。随后，基辛格访华，中华人民共和国在联合国的合法席位恢复，尼克松访华……

1979年，宝安撤县建市，命名深圳。次年，深圳经济特区建立。又次年，宝安县复置，辖地包括除经济特区之外的整个深圳市。深圳经济特区最初只有罗湖一个行政区，后逐步分拆为罗湖、福田、南山、盐田四区。罗湖区以深圳镇老东门一带为中心，直接接受香港辐射，传统计划经济与现代市场经济迎面相遇，一举一动，备受全国关注，成为中国改革开放的风向标和重要引擎。

（二）

渔民村位于深圳镇南郊，临深圳河，是一个由33户人家组成的自然村落。村民祖辈辗转东莞、新安一带打鱼，以船为家，即所谓水上疍民，俗称“水流柴”。中华人民共和国成立后，在政府的鼓励和帮扶下，陆续弃船上岸，农渔兼营，生活尚可自足，但富裕始终无从谈起。

深圳经济特区建立之初，优先开发罗湖周边，移山填水，大兴土木。今天罗湖火车站一带，原本是一片洼地，一下雨就汪洋恣肆。深圳经济特区第一项重大土建工程就是铲平周边山头，用土石将洼地填平。从此这一带再无水灾，还凭空多出大片建设用地。这也回答了初到深圳的人可能都会有的“罗湖为什么没有湖”的疑问。渔民村人抓住这一千载难逢的机遇，组建车队船队，为建设工地运送砂石砖料，积累了第一桶金。随后，一发不可收，与港商合作开展“三来一补”加工、酒店租赁、水产养殖等多种经营，成效立显。早在1981年，渔民村户均收入即达10588元，成为全国第一个万元户村。

1984年邓小平视察深圳时，专程到访渔民村。此后，历代党和国家领导人又多次莅临，渔民村俨然成为沿海改革开放和深圳经济特区发展的标本。媒体上一度有“深圳短短40年就从一个小渔村发展成为现代化大都市”的说法，出处也许就在这里。尽管与历史事实并不完全相符，却很形象，很生动，因而广为流传。

如今，渔民村整体改制为农工商联营股份公司，村民一半在村里居住，一半外迁，相当一部分去了香港定居。每家每户都拥有同一单元12层楼房，顶层用于自住，其余11层出租。村里还以公司名义开发大型商住楼港逸豪庭，里面一半以上业主是香港居民。从港逸豪庭俯瞰深圳河，两边风物迥异，深圳一侧高楼大厦林立，香港一侧还是成片的水田和绵延的山岭。

从渔民村沿深圳河上行数百米，拐过一道弯便是历经沧桑的罗湖桥。桥并不大，但修建过程充满了曲折，通车之后承载的历史记忆日益厚重，可以说它是中国与外部世界百年互动的亲历者，被誉为“中国第一条通往世界的桥梁”。不知渔民村人是否意识到，村头这座不起眼的小桥，伴随着国人放眼看世界的整个进程，是一座名副其实的开放之桥。

（三）

2004年9月15日下午，我乘坐广九直通车第一次经过罗湖桥。那瞬间的感觉，五味杂陈，终生难忘。当时，我已年届不惑，从首都北京转岗到香港工作，面临全新的环境。由于专业背景是世界近现代史，我对香港问题的来龙去脉有所了解，知道脚下这座小小的桥，连接的不仅仅是深圳与香港的地理，还连接着中华民族从屈辱到崛起、从封闭到开放的历史轨迹，连接着东西方文化的交融与意识形态的博弈。内心有些忐忑，但对新的社会环境和职业经历充满了期待。

罗湖桥的历史，最早可以追溯到明永乐年间修筑的木石小桥。作为民间自由往来的通道，存在了580多年。那时，深圳河还叫罗溪，还是渔舟晚唱的水乡，没有沦为风云激荡的界河。“罗”字源于古越语，是古壮侗语对山的称呼，带有“罗”字的山名为古代百越人的遗留。看来，罗溪和罗湖一样，得名都与某座山有关。

我们要谈的罗湖桥，当然不是罗溪时代的罗湖桥。现代意义上的罗湖桥故事，始于两次鸦片战争战败之后，香港、九龙相继被割占，洋务运动兴起。清光绪十六年（1890年），广东候补知府易学灏具呈两广总督李瀚章（李鸿章胞兄），拟以凑集商股方式，修筑广州至九龙的铁路。因粤汉铁路尚未修通，计划未获批准。1898年，中英《展拓香港界址专条》签署，新界被强租，深圳河成为界河。次年，两国政府即议定修筑广九铁路，又因故搁置。直至1907年初，《广九铁路借款合同》在北京签订，修筑计划全面启动。经双方协商，广九铁路分华、英两段，以罗湖桥中孔第二节为界，华段142.77公里，英段35.78公里。鉴于英段已于1905年先期开工，华段也于借款合同签署生效后立即施工。1911年8月，两段铁路在罗湖桥接轨联通，随后中英双方订立了联轨营业合同。同年10月，广九铁路全线通车后第一列火车从九龙尖沙咀出发，越过罗湖桥，驶向广州大沙头车站。

由中国第一代铁路工程师詹天佑设计监造的罗湖桥，初为三孔钢桥。1941年，港英为阻止日军侵港，一度将桥拆毁，日军占据香港后重建。今天罗湖桥香港一侧，还能看到旧罗湖桥的钢梁遗迹，静卧在乱枝杂草之间，经风沐雨……

1949年10月，在解放广州、深圳的战斗中，广九铁路员工积极护路，铁路免遭破坏，但路况并不好。罗湖桥也一样，桥面狭窄，且桥身无顶无棚，日晒雨淋下锈迹斑驳。1950年代末至1960年代初，罗湖桥改建成钢筋水泥桥，桥面加宽了一倍多，随后又加盖了铁皮篷顶，两侧加了铁栏杆，并增设了人行道。不过总体上看，罗湖口岸虽然是共和国的南大门，但除了三层楼的深圳站和海关联检楼外，四周还是一片荒凉。罗湖桥中间有一条醒目的白线，桥头有哨兵把守，显得非常神秘。

罗湖桥真正脱胎换骨，是在1980年深圳经济特区建立以后。为了满足迅速膨胀的过境需求，当年就在罗湖桥东侧建起了平行的人行桥，首次实现人车分流。第二年完成深港口岸建设，随后建成出入境分流的双层人行桥。当时的客流量完全称得上绝无仅有，最高可达每天70万人次。罗湖桥上来来往往的港客，他们带来的资金、技术和管理经验，以及随之而来的牛仔裤、花格衫、收录机、流行歌曲等新事物，一度成了中国对外开放的符号。南下淘金的弄潮儿，还在香港社会形成了一个特殊的阶层——新港人，亦称“港漂”。

有意思的是，除了广九直通车和联检大楼的双层人行桥，罗湖口岸还有一条特殊的通道——耕作口，它或许才是不少当地人心目中的“罗湖桥”。一直以来，深港两地的村民并没因深圳河成为界河而改变世代沿袭的土地产权和耕作方式。在深圳河南边，仍有宝安乡亲赖以生存的数千亩田地和鱼塘，村民都持有一张耕作证，凭证跨境耕种、收获与交易。

我派驻香港工作16年多，无数次从罗湖桥上走过。抚今追昔，隐隐可以感受到鸦片战争弥漫的硝烟，辛亥革命唤醒的民族民主自觉；感受到产业工人从省港大罢工走上中国历史舞台，东江纵队在抗日烽火中锻造英雄传奇；感受到供港“三趟快车”承载的同胞情；感受到改革开放潮起珠江，商缘亲情血浓于水……

文友邓康延作过一首讴歌深港关系的抒情诗，其中几行记忆深刻：

因为香港的惊世绝伦
转弯的时代伴生了深圳
曾经几十万涌港如蚁
而后几百万飞鸟闯深

（四）

深圳墟沿袭下来的商业基因，无疑是改革开放初期撬动老东门现代商业蓬勃兴起的杠杆。东门老街一度风靡大江南北，来自全国各地的“深漂”往往把这里作为闯荡深圳第一站。鼎盛之时，方圆不过0.35平方公里，每天客流量竟高达30万人。尤以琳琅满目的服饰和令人垂涎的美食，闻名遐迩。如今深圳经济特区成了庞然大物，不少地段高楼大厦林立，新兴产业聚集，东门街道GDP占比已远不及昔日，但论及商风市井味儿之浓，全城无处可比。随着网购的兴起和普及，线下购物越来越不受人待见，但每到节假日，当年盛况仍隐约可见。毕竟，它承载着深圳人的集体回忆，包含了经济特区发展的原始基因。

一个社区的发展价值，究竟应该怎样全面地看待？除了GDP指标，它的人文特色、历史传承及其对市民生活方式的模塑，如何计量贡献？如果在产业升级、城区改造中把一个地方的魂改丢了，人气改没了，到底值不值得？看着东门老街终日熙熙攘攘的人流中，一口百年老井和一杆十米大秤的雕塑默然而立，仿佛在天地间品味和衡量，我陷入了沉思。

东门老街上，横卧一块刻有《老东门改造记》的石碑。据碑记所载，20世纪末，深圳市政府鉴于老东门三百载岁月洗淘，终难免名盛形衰，于是立足高起点规划、高标准建设、高效能管理，启动东门改造工程，重塑东门历史风貌。一石激起千层浪，群情振奋，多方协作，精心设计，精心施工。结果，“九九金秋，新东门巍巍然显现，终存历史之文脉，扬商业之传承，建百姓购物之步行天堂。悠远哉，老东门。恰乐哉，新东门。”

机缘巧合，我曾在位于老东门的深圳迎宾馆住了整整半年。闲来无事，去东门老街随意溜达，有时候会走到罗湖火车站和渔民村。看着浑浊的深圳河水弯弯曲曲流过，我不由思考改革与开放的关系。不以开放为前提的改革，不是真正意义的改革。推行开放政策，当有进取之心，更需包容之量，鱼龙混杂为表，兼收并蓄为里，去伪存真为要。由此，又联想到岭南地区把集市称作墟市，倒也有趣。称“市”为“集”很容易理解，《周易》即有“日中为市，致天下之民，聚天下之货，交易而退，各得其所”之说。称“市”为“墟”则有些费解，据明人《石洞集》和清人《广东新语》解释：“墟”从“虚”，聚则盈，散则虚，北名集，从聚也，南名虚，从散也；有人则满，无人则虚，满时少，虚时多，故曰虚也。中国文化大道至简，讲求虚实结合。老子“致虚极，守静笃，万物并作，吾以观其复”的思想，通常用于格物致知，又何尝不可以用于社会运行呢。由虚而实，由简而繁，无中生有则无所不有。

临近老东门的地铁站名叫“老街”，是深圳地铁1号线的著名站点。老街站一向被视为全市最复杂的地铁站，出入口之多、地下店铺之密集，让人叹为观止。若非久居此地者，迷路是常有的事。而一旦走顺了，则别有趣味。这或许可以看作老东门的象征：底蕴深厚，内涵丰富，乱中有序，活力充盈。老东门融岭南文化、改革开放文化、“一国两制”文化、移民文化、创新文化、商业文化、街头文化于一体，在城市文化建构中具有独特价值。徜徉在这片历史与现实交融、传统与时髦互动、经济与文化共生的土地上，感受着满满的人间烟火气息，别有滋味。

据有关方面介绍，随着新一轮深港合作的全面展开，老东门周边地区将与香港北部都会区核心地带深度对接，共同打造罗湖口岸片区。假以时日，深圳河或许真能媲美巴黎的塞纳河、上海的黄浦江，以多彩的城市霓虹，演绎别样的南国浪漫。那时候的罗湖桥，又将带给我们怎样的期待？

罗湖桥上客匆匆　试问斜阳几度红
老井街头新铺起　疍家村里旧船空
南来北往沧桑路　万户千家各不同
但见蜿蜒分两制　一湾浊水笑清风

中英街：在历史的夹缝中生长

我已4次到访中英街，时间跨度近30年。从第一次踏上这条小街，就和它结下不解之缘。也许正因为这个缘分，我心甘情愿地从北京人变成香港人、深圳人，变成大湾区人。改革开放摸着石头过河，于我而言，中英街何尝不是一块可以触摸的石头，让人真切地感受到“一国两制”的来龙去脉，感受到粤港澳大湾区的磅礴气势。

（一）

众所周知，深圳河是香港与内地的界河，但并不是深港两地的全部分界线。深圳河以西有深圳湾，为深港两地共有；以东有沙头角河作为东段界河，所注入的大鹏湾，亦为深港两地共有。并且，鼎鼎大名的中英街，恰恰不在深圳河畔，而在沙头角河南岸。

深圳河并不大，沙头角河更小。根据清光绪二十四年（1898年）中英

《展拓香港界址专条》及其后签署的《香港英新租界合同》，两条小河连同构成两河分水岭的山峦沟壑，是大清国与港英租借地的边界。但后来实际上的边界线东端，并不是沙头角河尾段，而是位于它南边的一条垂直小街——中英街。

中英街将总面积51公顷的沙头角一分为二：英界沙头角33公顷，华界沙头角18公顷。中英街及两个沙头角的故事，或许可以从中英街历史博物馆里的两幅展板讲起：一是“拔旗迁界的传说”，一是“逃港风潮”。

据“拔旗迁界的传说”展板介绍：中英双方勘界时，若按英方坚持的沙头角河尾段为界，南岸的沙栏吓村及当地著名墟市东和墟就将划到英界。沙栏吓村村民不愿归英国人管，在族老吴子魁带领下，组织村民拔掉了英国人预先插在河边用作标明边界的界旗，西移到一个干涸的河床上，后来在那里形成了中英街。村民说，东和墟和沙栏吓村是他们的祖先争回来的。这个传说并没有相应文献证实，但传说本身生动地体现了当地村民认祖爱国的情怀。

1978年7月，时任中共广东省委书记的习仲勋到中英街视察。看到一街两侧发展的差距，习仲勋同志讲到，一条小街，两个世界，怎么体现社会主义制度的优越性呢？一定要想办法把沙头角发展起来。就在这一年的12月，党的十一届三中全会胜利召开。一声春雷万物苏。

这被视为改革开放的先声，大潮起珠江，有其深刻的历史和现实逻辑。事实上，直到2020年10月习近平总书记参观《从先行先试到先行示范——庆祝深圳经济特区建立40周年展览》时，还谈到这个话题。他说：“40多年前，我来深圳，去中英街，看到两边差距确实太大了，一边是破烂木板房，一边是带空调的气派小楼。当时就感觉到老百姓有着强烈的改变生活和命运的愿望。”

这个愿望，随着中国改革开放波澜壮阔的历程而不断得到实现。现在通常所讲的中英街，不单指那条边境小街，还包括整个中英街社区，即当年所谓华界沙头角。它是一片大致呈椭圆形的滨海街区，由步步街（沙头角河尾段）、中英街、临海路合围而成。一条名为“环城路”的弧形主道，由东北至西南穿城而过，把街区分成新旧两个城区。旧城区即原沙栏吓村，是一个拥有300多年历史的客家村落，现已成立股份有限公司，旗下有市场、物业出租，居民享受分红收入。村里有天后宫、吴氏宗祠等市级文物保护单位，深圳市首批国家级非物质文化遗产——沙头角鱼灯舞亦发源于此。新城区原是滨海滩涂，现已成为休闲文化带，中英街管理局、中英街历史博物馆、盐田区外国语小学东和分校、回归广场、海滨栈道、古塔公园等公共设施均建于这个区域。

中英街历史底蕴深厚，文化资源丰富，客家文化、商业文化、海洋文化、“一国两制”文化相得益彰。除沙头角鱼灯舞外，还有天后宝诞、客家山歌、九簋菜等非物质文化遗产。以中英街历史博物馆为引领，鱼灯舞博物馆、海关博物馆、海洋博物馆、客家文化博物馆以及东和墟文化馆、界碑街区文化馆、记忆墙、警示钟等星罗棋布。综观整个街区，俨然成为品牌体系完整、内容多元立体的文化大IP（知识产权）。

（二）

沙头角之名，极具地方特色。珠三角一带，把河流冲积形成的地块称作“沙”，把乡民围海而成的田垄也称作“沙”，被冠以“沙头”“沙咀”

“沙尾”之类的地名很常见。“沙”通常临海，故“沙头”亦为“海角”，从陆上看是沙之头，从水中看是海之角，故民谚有“日出沙头，月悬海角”的说法。这种地块水陆相间，岭南台风暴雨多，河水改道是常事。中英街作为东和墟的继承者，便建在沙头角河一条名为“鸬鹚径”的故道上。

沙头角地区早有人居住，以客家人为主。19世纪20年代，这一带已有数十个自然村落，并组成了最早的村落联盟“十约”。那时沙头角还没有墟市，村民趁墟必须翻过梧桐山到深圳墟去。因应这一需求，十约发起就地兴建墟市，墟址在今中英街社区横头街一带，取名“东和墟”。经过百余年发展，东和墟与深圳墟一东一西，成为梧桐山下两大名墟，分别充当了惠州府和广州府南下香港的门户，人员往来和边境贸易繁盛一时。

东和墟当年盛况，从欧洲传教士的传教活动和有关书信中可见一斑。1848—1852年间，德国传教士韩山明，瑞士传教士黎力基、韦永福先后在沙头角设坛讲道。三位牧师边传教边为当地人治病，还开办了学堂，有学生二三十人。他们建起一座西式教堂，建筑风格与附近的天后宫、伯公庙和文武庙形成鲜明对比。自踏上这片土地，他们就被当地特有的习俗、繁荣的墟市和独特的文化所吸引。韩山明在一封信件中写道：“东和墟是一个重要的墟市，虽然建墟时间还不长，但生意非常繁忙。”韦永福则在一封写给教会的信中详细描述了东和墟的环境、建筑以及居民的生活方式等，信后还附有一张手绘的东和墟示意图。

根据韦永福的记载，东和墟是一个不太规则的长方形，由两条平行的东西向街道和一条南北向街道组成，分别称上街、下街和旧街。因为是市场，没有居家的房屋，所有建筑都是商店和作坊，沿街而建，共有50家，大大小小，非常密集。货品都堆在店铺内一侧或者两侧的货架上，与欧洲的商店一样。绕过货架是一个带抽屉的长柜台，既是钱柜，也可以在上面称量货物。屋顶吊着几盏纸灯笼，方便夜间照明。绝大部分商店都是杂货铺或者综合商店，以零售生意为主，只有少数几家从事比较重要的贸易业务。这些商店的东家都不住在墟内，有的东家会雇人帮助打理。

到1900年代，东和墟商铺已增至100家，比半个世纪前刚好翻了一番。当时，新安县政治中心在南头，商贸要津在深圳墟，军事重镇在大鹏所城，三地之间有一条始建于明代的主要官道。沙头角正好位于这条要道中间，东和墟占尽地利，贸易量巨大。据1904—1910年间的数据统计，这里每个月有2万人次运送200—250吨货物，旺季时增加到400吨。稍晚的调查还显示，平均每个月多达7.5万人次运送900吨货物，旺季时则翻倍。

英国强租新界后，随着港英管治拓展到沙头角边境，两地交流趋于频繁，一批现代基础设施陆续建成，东和墟迎来新的发展。1899年，通电报；1900年，通电话；1912年，粉岭到沙头角铁路支线建成；1927年，沙头角公路通车。在一张于1924年拍摄的照片上，横头街一带显得非常繁荣，建筑物一直绵延到海边。九龙海关洋关分厂就建在附近，是一座单层的欧式建筑。当地乡绅还联合华侨在文武庙里办起了东和学校。1923年时，学校至少有5位教师，开设了国文、英语、生理、新知、音乐等课程。

在西方工业文明潜移默化的影响下，沙头角街道布局逐渐发生变化。1905年前后，有人在中英边界线4号界碑西侧盖房，挂上“同裕木厂”的招牌，做起了木材生意。随后，陆续有人在其他界碑附近建房，一批商号相继开张。除了传统生意，不少商铺开始经营洋货，如惠新隆专营各种洋布，逸生昌专营火水（煤油），永乐园茶楼开设了经营中西食品和饮料的茶餐厅，街边还出现了梁心牙医和新时代理发店等时尚门市。1930年，新界和坑村人李新昶在从4号界碑到5号界碑的英方一侧，建了一排两层高的岭南骑楼，命名为“猷昶街”。随着商业活动的开展，沿3号界碑到7号界碑基本上都有了建筑物，路面也作了平整，当年鸬鹚径的麻石路面基本消失了。

至此，形成了中英街的雏形。1937年，东和墟在一场大台风中被摧毁，沙头角的商贸重心开始转移，原东和墟西边的中英街逐渐成为新墟市。1941年日军攻占香港后，将中英街改名为中兴街，并捣毁了除1号、2号界碑以外的其他六块界碑。日寇投降后，中英街改回原名，重竖界碑，商业活动得以短暂恢复，主要经营百货、布匹、药品、海鲜等。

20世纪50年代，中英街成为边防禁区，商业活动近乎停滞。1959年，省、市、县商业部门着手对中英街商铺进行系统维修，当时的装饰很是讲究，除了采用玻璃条柜以外，有的商店还安装了霓虹灯。中英双方分别重整路面，修筑完工后，以中英界碑为中心线的街道上留下一道明显的水泥接缝。当然，由于特殊的历史环境，商业活跃度一直差强人意。中英街真正迎来凤凰涅槃，成为名动华夏、享誉中外的边贸明星，还是1980年深圳经济特区建立以后。而在其建立前夕，深圳市第一家中外合资企业“沙头角丝花厂”便在此落成。

（三）

我与中英街的缘分，集中体现在4次专程走访上。去中英街并不容易，由于香港和深圳都实行边境禁区管理，从哪一边过去都需要办理特别的手续。深圳这边的海关，设在一座历经百年风雨的老石桥上。香港一侧进入中英街，不但需要开具“禁区纸”，还必须乘船前往，尤为不便。不过，这种不方便，却无形中让走访中英街具有了某种仪式感。加之我的专业背景是世界近现代史，每一次走访，都强烈地感受到它的历史标本意义。

第一次是1996年到深圳出差，慕名前往。当时香港回归在即，中英街正处于边境贸易黄金时期尾声，一条宽不过三四米、长不过二三百米的边境小街，日接待游客竟达到10万人。1997年香港回归后，随着深港往来多渠道展开，中英街商贸业务日渐衰退。中英街逐步发展出融旅游、观光、购物和爱国主义教育于一体的新定位，中英街走上转型之路。

2010年秋天，我已驻港工作多年，从香港一侧再次来到了中英街。街面上不复当年的热闹景象，店铺林立，顾客却不多。新建了一些纪念性观光设施，看起来更像一个露天博物馆。果然，两年后中英街被国家文化部、国家文物局评为“中国历史文化名街”，以展示“一国两制”的历史景观和文化风情。后来，沙栏吓村也被广东省评为“文化和旅游特色村”，构成中英街文旅的一部分。

2021年初冬，我刚到深圳工作不久，第三次走访中英街。时任香港特别行政区行政长官林郑月娥破天荒地提出了北部都会区计划，我想了解中英街在新一轮深港合作中机遇何在。没想到，受新冠疫情影响，一条长长的围栏隔板把中英街穿肠破开，两边店铺隔栏而望，街上冷冷清清。数百年来，这里人来货往，山隔不断，水隔不断，战火隔不断，意识形态隔不断，病毒终是把它隔断了。

站在中英街历史博物馆的顶层平台上，我看着脚下冷冰冰的围栏隔板蜿蜒而去，远处却是峰峦起伏，山水相依，分不清哪里是深圳，哪里是香港，心有所感：你中有我，我中有你，不正是中英街的命脉吗？或许这也是这条沧桑小街给我们的最大启示吧。历史之光照亮未来之路，疫情过后，深港合作发展将以怎样的势头和格局展开，中英街是见证者还是参与者，多少人拭目以待呀！

这便有了我的第四次中英街之行。2023年4月中旬，再次踏足这条小街，南国已是绿肥红瘦，草长莺飞，空气中弥漫着几分暑热。随着疫情基本结束，旅行团和购物者纷至沓来，街上游人明显增多了。全国重点文物保护单位“中英街界碑”前，等待拍照的人排起了长龙。

如果说前三次多少有些走马观花，我这次则是有备而来。除了漫步中英街街头、参观中英街历史博物馆等例牌节目外，此行主要是走访相关企业，了解深港交流合作进展，调研中英街发展规划。我还走进吴氏宗祠感受滨海客家迁徙之路，品味天后宫斑驳石柱上留下的百年香火，听取鱼灯舞传承人绘声绘色地介绍这一国家级非物质文化遗产的艺术特色、文化精神及其海内外传承情况。

（四）

加强深港合作的呼声，恰如季节的躁动，从四面八方蜂拥而来。随着粤港澳大湾区建设的推进，特别是香港北部都会区计划出台以后，怎样进一步发挥中英街的作用，促进深港合作发展，充满了想象空间。深圳市政府提出全力以赴建设沙头角深港国际消费合作区，以形成西有前海深港现代服务业、中有河套科技创新、东有沙头角国际消费的三大深港战略合作平台，并驾齐驱，谱写双城故事新篇章。

据中英街管理局负责人介绍，当地政府正通过重塑空间格局，优化基础设施建设，改革管理运营模式，发掘历史文化内涵，实现深港文化交流、商贸消费、滨海休闲等各功能组团有机融合，努力将中英街打造成为国际跨境旅游首选目的地、国际消费中心城市特色引领区、深港共建共治融合发展新典范。

基础设施方面。以构建倚山面海、水陆相连、街区井然的亲海园区为主线，通过完善基础设施，优化空间布局，升级服务配套，建设文史体验、深港风情、滨海休闲等特色主题街区和艺术村落，塑造历史底蕴深厚、自然人文相融的城区新面貌。

运营模式方面。按照“统一规划、统一招商、统一平台”的理念，重点面向港人港企，发展高端消费、时尚消费、港式餐饮、休闲民宿、跨境电商、跨境服务等多元消费业态。提供原汁原味的港式吃喝游购娱一站式消费体验，实现从分散经营到统一运营、从低端零售到中高端名品、从单一业态到多元体验、从线下经营到线上线下联动的消费新格局。

人文情怀方面。围绕“一街两制”的独特历史价值，重塑百年历史景观，形成同源广场、文化墙、博物馆群等纪念性公共空间网络。通过引进“文化+”新业态，传承文化遗产，发展文化项目，打造文化艺术聚集地，建设拥有鲜明历史记忆的深港共生家园。

方向已经明确，蓝图已经绘就。相信在粤港澳大湾区建设浩荡东风的吹拂下，中英街这片承袭了东和墟百年商业基因，从抗日烽火、改革开放和“一国两制”前沿走来的独特社区，必将突破瓶颈，实现蝶变。岁月悠悠，汇成一诗：

日出沙头月海角　沙头海尾水缭缭

东和旧市开商脉　梧岭长风拂绿乔

两制一街留胜迹　鱼灯麟舞共逍遥

百年风雨今何在　却话关前老石桥

莲 塘：

圳 水 源 头 并 蒂 莲

梧桐山是一个庞大山体，群峰绵延，山湾沟壑密布，溪流众多。顺湾沿溪，历史上分布着若干自然村落。这些村落分属深圳和香港两地，由于建制沿革，如今大多数已经不叫村了，而改为街道或社区。比如罗湖区莲塘街道下属的莲塘、长岭、西岭、坳下等社区，以前均为村名，现已改制为股份合作公司，但人们习惯上还是把它们称作村。

（一）

2023年5月下旬，我第一次走访莲塘街道。一踏入这片土地，就被它充满戏剧性的巨大社会变迁吸引了。后来又多次回访，从不同角度切入，并利用难得的访港机会，专程到深圳河对岸的古村落查看山形地势，与村主任和村民攀谈，了解当地民风民俗，收获了意想不到的文化感悟。

深圳河由梧桐山西南麓数条溪流汇聚而成，其中一条溪流称莲塘河，亦名莲溪。河的北岸属深圳，有古村落名为莲塘；南岸属香港，亦有古村落名莲麻坑。莲塘村的第一大姓为万姓，莲麻坑村的第一大姓为叶姓。有意思的是，北岸的莲塘村在南岸有个万姓的分支村落，名叫香园围。南岸的莲麻坑村在北岸也有个叶姓的分支村落，名叫长岭。

据《莲塘万氏族谱》记载，十八世祖朝巽公“身列儒业而兄弟分居之日，家无斗筲，而自己独立其志，则迁于香园围居住”。朝巽公一脉在此开枝散叶，蔚然成村。村头有数株巨大的香樟树，乃朝巽公亲手种植，以它们为中心形成了草木森然的风水林。现任村代表万新财有其祖之风，搜罗古籍，研习茅山之术。深港之间最新开通的第七个陆路口岸，在深圳叫莲塘口岸，在香港则叫香园围口岸。

长岭村的情况略有不同。当年，莲麻坑村在深圳河两岸都有田地，长岭村原本是它在河北岸的一个耕作点。后来深圳河成了界河，特别是20世纪50年代初封关后，两岸难以正常往来，便各自独立成村了。两村一溪之隔，溪水易涨易退，山洪暴发时泛滥成灾，枯水季节却几乎断流。溪上搭了一座小石桥，原名长命桥，成为村民过境耕种的耕作口后，改称国际桥。一直以来，长岭村人除了跨境从事农业生产，每年还要到莲麻坑村去拜山祭祖。

一听到莲塘、莲溪这样的地名，脑子里便回响起汉乐府《江南》的韵律，浮现出南国水乡那生动自然的画面：江南可采莲，莲叶何田田。鱼戏莲叶间。鱼戏莲叶东，鱼戏莲叶西，鱼戏莲叶南，鱼戏莲叶北……

莲塘村以前确实有一片很大的莲塘，村屋绕莲塘而建。在莲塘街道办事处会议室里，悬挂着一幅新派油画，名《莲塘村旧貌》。作者郑丽萍是本村村民，生于20世纪70年代，业余自学油画。她以姑姐郑秀慧1978年在香港打鼓岭乡拍摄的一张照片为蓝本，主要根据父亲的回忆绘制。父亲虽然住在香港，但对村里每一间房屋的大小、高矮、比例和房主都了如指掌。郑丽萍创作时经常与父亲视频沟通，父亲也多次回来现场指导。历时三个多月，终于完成了这幅心血之作，把父女两代人对故乡的依恋用画笔和色彩表现出来。

从画面上看，莲塘村并不大。不足百户人家，大多是单层建筑，依山傍水，整齐排列。只有七八栋二层小楼，杂然其间。三座碉楼呈鼎立之势，守护着整个村子。莲塘位于村子中央，被一条弯曲的小路一分为二。想来，小路可作交通和浣洗之用。村子外围是成片的稻田，与远处隐约可见的山丘和树林连为一体。当然，这一切都只是画里的场景了，或者存于老村民的记忆之中。现在莲塘所在位置，是一座大型商业综合体，周边道路房屋已被彻底改造成现代化社区，大街小巷，车水马龙，店铺楼宇，比比皆是。但从平坦延展的地势，仍可隐约想见当年的稻香沃野。

不过，与莲塘村一河之隔的莲麻坑村，还是古朴原始的样貌。莲麻坑建村时间在周边村落里是比较早的，1688年版康熙《新安县志》即有记载。村里也有一片水塘，但不是莲塘，而是风水塘。故莲麻坑之“莲”，并非莲塘之“莲”。莲麻是岭南地区特有的一种野果，学名山橙，有行气、消积、杀虫之功效。风水塘不远处有片山坡，植被繁茂，是村子的风水林。风水塘与风水林之间，数十栋村屋依势而建，大致呈梯台状分布，道路随地形自然延伸。莲麻坑河蜿蜒绕村而过，流入莲塘河。河上的小石桥始建于1908年，通往村边的叶定仕故居。河水略呈褐色，据说是因为上游有废弃的铅锌矿场，水中含有矿物质成分。

回过头来再讲莲塘村。台湾郑氏于康熙二十二年（1683年）降清后，朝廷解除了迁海令。在官方积极招垦下，大批客家人从粤北、粤东地区及江西、福建等地陆续进入新安县。雍正五年（1727年），有三房万氏兄弟从梅州五华沿莲花山脉南迁至今天的莲塘一带定居。不久，有两房周氏兄弟迁徙到附近的横岗下，后与莲塘合并。鸦片战争后，又接纳了躲避战乱而来的邓氏，莲塘成为三姓共居的村落。

西岭下村因始祖杨、古两姓为表兄弟，一度被称作“杨古围”，立村过程比较曲折。他们先是于康熙年间迁往径肚村，又从径肚村迁往莲麻坑村，再由莲麻坑村迁到西岭山下单独立村。坳下村历史稍长些，始建于明朝末年，因四面环山，依地势而取名坳下，亦写作“凹下”。村民主要为邓氏，系新界锦田邓氏的分支。长岭村起于莲麻坑村的耕作点，建村时间最短，真正形成村落应是清末民初了。这里并没有一座叫“长岭”的山岭，而是因为通往母村莲麻坑的小石桥名“长命桥”先被称作长命村，后根据谐音改为长岭村。

可以看出，莲塘河边这些村落，无论现在属于深圳还是香港，居民都是移民后裔，所谓“年深外境犹吾境，日久他乡则故乡”，几经迁徙，多姓共居，你中有我，我中有你。正如《莲塘村训》所写：周裔掘塘，万氏植莲。邓徙坳下，拓土垦园。叶茂长岭，径肚刘迁。西岭下村，杨繁古衍。后续诸姓，百花争妍……

（二）

走访莲麻坑村之前，我与深圳经济特区研究会港澳调研组一行，专程到岭南大学拜会了刘蜀永教授。年逾82岁的刘教授是研究深港历史的泰斗级人物，他主持编修的《莲麻坑村志》作为香港第一部村志，被中国地方志指导小组列入中国名村志系列。

刘教授听说我们要去莲麻坑村，显得很兴奋。他说像莲麻坑这样村史资料保存得十分完整的古村落，已经很难见到了。去莲麻坑，除了参观古村的特色建筑，感受古村的历史和文化，还有三个必去的点：一是莲麻坑矿场遗址，那里曾是香港最大的矿山，开采时间长达150年，日占时期野蛮开采，一度遭东江游击队炸毁；二是麦景陶碉堡，港英政府1949年至1953年间由时任警务处处长麦景陶提议修筑的七座边防要塞中最高的一座；三是叶定仕故居，是辛亥革命元老、曾娶泰国公主为妻的南洋富商叶定仕模仿翠亨村孙中山故居修建的一座中西合璧的小楼，也是他晚年贫病交加、老死之所。透过这三个文物般的景点，可以感受到莲麻坑作为一个偏僻闭塞的古村落与外部世界互动的巨大张力。

通往莲麻坑村的道路有一段属于边防要地，我们联系打鼓岭乡事委员会主席、立法会议员陈月明女士，请她帮忙开具了被称作“禁区纸”的通行证。陈月明及丈夫张然先生是我驻港期间结识的好朋友，两人都是新界通，对深港合作和北部都会区开发抱有极大热情。香园围村属于打鼓岭乡，莲麻坑村属于沙头角乡，他俩亲自陪同我们走访，一路介绍山形地势、文化传统和村民生活方式，探讨深港合作新模式。据他们讲，新界北部这些古村落，村民大多移居英国或其他国家了。一条村留下来的不过数十人，而且不少是老人。每逢春节、清明节、重阳节等节日或选举投票等重大事件，又会聚集起上千人，甚至数千人。村里的劳动人口主要在外面上班，有少数在乡内打工，如口岸、工地、露天仓储等，都是最基层工种。期待未来北部都会区的发展，可以兼顾职住平衡，引进产业的同时，能够带动本地就业。

我们一行到达莲麻坑时，村公所主席叶华清老先生早已接到刘教授的电话，拿着一本繁体字版的《莲麻坑村志》在村口迎接。眼前是一片小广场，几条村道呈辐射状延伸，通向村子各处。莲麻坑村公所“敬修堂”坐落在小广场上，楼并不高，但由于位置特殊成了村里最醒目的建筑。而比建筑更醒目的，当是堂内墙面上金灿灿的“金榜题名”，镌刻着本村建村以来考获学士或更高资历者，多达100余人。这条客家村落尊学重教的深厚传统，由此可见一斑。

可惜受台风“海葵”（2023年8月）影响，连日大雨，通往麦景陶碉堡和矿场遗址的道路被暴雨冲毁或被折断的树枝堵得严严实实，完全无法通行。刘教授推荐的三个必去点，我们只到了叶定仕故居。看着眼前这栋中国偏僻山村里的西式小楼及楼前眺望苍穹的孙中山站立铜像，读着图文并茂的叶定仕生平事迹和莲麻坑村村史介绍，不由感慨：小村落连着大历史啊！

（三）

叶华清老先生兴致勃勃地带我们参观了莲麻坑村的道路格局和主要建筑。与莲塘河对岸深圳一侧的高楼大厦相比，这里的村屋显得有些寒酸，但高低错落，疏密有致，气韵畅顺。按照香港特区政府有关法例，享有“丁权”的原居民自建住宅不得超过三层。首先映入眼帘的是一座题名“莲溪世居”的二层小楼，俏然卓立，很是精致。旁边一座典型的客家大屋，一进三间，大门及屋内门框全部以花岗石条砌筑，整个大屋造型简洁，坚实美观。门柱上贴一金属小牌，上有“三级历史文物”字样。走进村中，除了各式民居，还有叶氏宗祠、刘氏宗祠、官氏宗祠以及关帝宫、观音庙等古建筑，苔痕斑驳，但主体保存完好。穿行在古树和老屋之间，简陋的土地庙随处可见，几只肥硕的土狗慵倦地躺在阶沿下，古村落的气质和氛围扑面而来。

在位于村中心地段的风水塘前，叶华清老人自豪地说，这片弓形风水塘是村子的灵魂，与村里的建筑中轴线形成“如箭在弦”之势。如此风水布局，使村内人才辈出。随后，他又指着对面山头上的垃圾填埋场，愤愤不平地说，这么做肆意破坏风水，搞得乱象横生。同样的情景，我们在山脊背后的香园围村也遇到了。看着蜿蜒起伏的山梁上，满载垃圾的大卡车来来往往，周围要么黄土裸露，要么被绿色塑料网罩住，仿佛青山留下的累累疤痕，心里的确不是滋味。

回程途中，经过莲塘口岸（在香港称作香园围口岸）。环望四周，深港两地的山山水水融为一体，被夕阳抹上一层金辉。我们登上口岸大楼天台，绵延起伏的梧桐诸峰在眼底铺陈，若有若无的溪水断断续续地流过，古意盎然的村落，车水马龙的街道，拔地而起的高楼，鱼贯进出的人群，构成了一幅大写意的画。想着这片土地上发生的故事，地理变迁，文化冲突，苍生苦乐，几个月来挥之不去的莲塘情结愈发浓郁了。

梧桐诸岭起绵绵　圳水源头并蒂莲

一片灯红酒绿处　遍寻翁媪话从前

2023年10月，我到南头古城调研，不期然与陈月明女士相遇。她正带着十几个乡党考察，说要学习南头古城的旧改经验，活化香园围或莲麻坑这样的古村，吸引深港民众前来远足休闲，促进两地民生往来、人心互通。这让我想起在莲塘口岸附近看到有关方面正全力打造“莲塘河碧道”工程。工程位于深圳河边防线内，全长3100米，建成后准备以预约方式向公众开放。又想到李家超行政长官在立法会宣读任内第二份施政报告，明确宣布政府已重新审视北区沙岭兴建公众骨灰安置所的计划，拟将原定安放骨灰龛的两公顷土地改作创科及相关用途，引起市民热烈反响。

看来，以北部都会区开发为标志的港深合作新模式已经启动。这种合作不限于前海的现代服务业、河套的科技创新、沙头角的国际消费等“高大上”领域，它也包括深圳河源头那些古村落，渗透到百姓生活的方方面面。

河套：

踏着历史的节点

深圳河入海口，是一片跨越深港两地的生态保护区域。深圳一侧有福田红树林生态公园，香港一侧有米埔湿地公园。作为国际红树林中心和国际重要湿地，这里成了众多候鸟的栖息场所，每年数以百万计的鸥鹭、野鸭、涉禽等水鸟，从中国北方、蒙古和俄罗斯西伯利亚飞往东南亚和澳大拉西亚越冬。在漫长的迁徙过程中，它们需要中途站来停栖、觅食、休整，以储存足够能量为余下旅途做好准备，深圳河河口历来是理想之选。

紧邻这片生态保护区域，有一片深港合作的热土，也是科技创新的热土——河套，全称“河套深港科技创新合作区”。

（一）

在中国历史地理中，“河套”原本是一个专用名词，即黄河河套地区，泛指黄河在内蒙古、宁夏、陕西境内形成的冲积平原。广义的河套地区包括宁夏东北部、陕西北部及内蒙古西南部，总面积达2.5万平方公里。狭义的河套专指黄河大拐弯冲积而成的“几”字形内湾区域，面积约1.3万平方公里。无论广义狭义，河套作为亚洲最大自流灌区，一向以水草肥美著称，故有“黄河百害，唯富一套”之说。河套地处游牧民族与农耕民族交汇地带，在多民族长期交往过程中形成了开放包容的河套文化。

深圳河的河套地区，就历史悠久和地域广袤而言，当然不能与黄河河套相提并论。但它地处改革开放最前沿，深港双城在这里交汇，开放包容的文化与生俱来，并被“一国两制”实践赋予了全新的精神内涵。

深圳河发源于梧桐山，自东北向西南流入深圳湾，因河道迂回蜿蜒形成多个自然弯曲的河套地貌，但历史上并无“河套”这一专用地名。1997年4月，历时两年的深港联合治理深圳河工程完工。治河工程的一个亮点，是在皇岗口岸（香港一侧称“落马洲口岸”）附近把弯曲的河道拉直，使新旧河道合围而成一片面积约0.87平方公里的区域。这片区域原本属于深圳，但若以新河道为界，却成了香港管辖范围，香港官方文本称之为落马洲河套地区。

所以，河套得名的时间并不长。这个最初来源于香港、后来为深圳接受并上升到国家层面的地名，踏着历史的节点一路走来，成为深港双城合作发展、同向而行的重要标志。

第一个历史节点是1997年，香港回归祖国。正是在这一年，深圳河治理工程作为深港联手的大型水利项目，在香港回归前夕竣工，落马洲河套地区横空出世，为新成立的香港特别行政区献上了一份厚礼。但这片土地如何有效开发和利用，管辖权和使用权怎样界定，成为深港两地悬而未决的问题。

根据国务院第221号令发布的香港特别行政区行政区域图，深圳河治理后，以新河中心线作为区域界线。不少深圳人认为，这是一块深圳拥有完整处置权的“飞地”，企业界和有关智库机构还提出了种种开发动议。这与香港方面的看法并不一致，当时港深之间的合作机制也不成熟，而且事关“一国两制”的大政方针。于是，深圳有关部门对民间提出的开发动议作出如下回应：该地区属于香港特区方面的边境禁区，暂无开发计划。随后多年，河套地区基本处于沉寂状态。不过，香港既然已经回归了，相信在“一国两制”制度保障下，没有解决不了的难题，深港双方总体上都对河套开发的前景持乐观态度。

第二个历史节点是2007年，香港回归祖国10周年。这一年，港深西部通道——深圳湾大桥开通，标志着香港与深圳等内地城市的交流合作步入新阶段。民调显示，港人对中央政府和内地的满意度，进入回归以来最高的时期。当年12月，深圳市市长率团访港，提议在《内地与香港关于建立更紧密经贸关系的安排》（CEPA）的框架下实施新一轮深港合作，得到港方积极回应。两地政府签署了涵盖基建、城市规划、环保及旅游等领域的7项合作协议，双方同意成立“港深边界区发展联合专责小组”，加速推进边界有关土地的规划发展工作，落马洲河套地区首次被列入。

随后，香港特区政府有关部门着手对河套地区的用途进行论证。面对香港多所大学准备北上发展的趋势，教育局提出了在河套开办大学及相关研究机构的建议。2010年11月23日，港深两地政府就河套地区发展问题，同步展开为期两个月的公众咨询。结果，将河套地区的主要功能定位于兴办高等院校和研发高新科技，获得普遍认可。据初步预测，开发河套可容纳2.4万名学生并带来近3万个就业机会。眼看河套蓄势待发，土地平整工程也于2012年下半年启动。

（二）

2017年，香港回归祖国20周年，这是河套开发踏上的第三个历史节点。如果说之前河套开发主要还处于谋划和启动阶段，多是香港单方面的行动，那么此后就是深港共同发力了。而且，深圳的角色越来越重要，从某种程度上说，是深圳推着香港往前走。

所谓“起步即冲刺，开局即高潮”，2017年新年钟声敲响后的第三天，深圳市政府就与香港特区政府签署了《关于港深推进落马洲河套地区共同发展的合作备忘录》。备忘录明确了在“一国两制”方针下，香港拥有对落马洲河套地区0.87平方公里土地的行政管理权，深圳则通过协商机制参与规划与发展。深圳支持香港在河套地区建设“港深创新及科技园”，通过建立重点创科研究合作基地以及相关高等教育、文化创意和其他配套设施，吸引港深两地及其他国内外顶尖企业、研发机构和高等院校进驻。同时，香港配合深圳在深圳河北侧毗邻河套的皇岗口岸区和福田保税区共约3平方公里地域内，规划建设“深方科创园区”。

至此，拟建的“港深创新及科技园”（香港园区）和“深方科创园区”（深圳园区），共同构成了占地3.89平方公里的深港科技创新合作区，即今天“一河两岸、一区两园”格局的雏形。可以看出，这片由深港双方共建的崭新的合作区，当时还没有冠以“河套”之名，但已经明确了科技创新这一合作主题。

香港回归20周年前夕，24名在港工作的中国科学院院士、中国工程院院士致信习近平主席，表达了报效祖国的迫切愿望和发展创新科技的巨大热情。习近平主席高度重视，作出重要指示，强调促进香港同内地加强科技合作，支持香港成为国际创新科技中心，支持香港科技界为建设科技强国、为实现中华民族伟大复兴贡献力量。

长期以来，香港以国际金融中心、国际航运中心、国际物流中心的“三大中心”定位，蜚声世界。习近平主席“国际创科中心”定位的提出，使香港在做大做强传统“三大中心”的基础上，获得了新的发展方向。香港社会反响热烈，各界人士纷纷以此为突破口，献计献策，谋求香港发展的新动能。

对于整装待发的河套合作区来说，这更是一场及时雨。香港回归20周年庆典当天，在习近平主席亲自见证下，粤港澳三地政府和国家发展改革委签署了《深化粤港澳合作推进大湾区建设框架协议》，明确提出要支持“港深创新及科技园”建设，共同开发建设合作区。

万事俱备，东风劲吹。正是在这众望所寄的大势下，新一届香港特区政府着手编制《2018—2019年度财政预算案》，充分考虑到创科是新时代发展的驱动力，明确了首期拨付200亿港元发展落马洲河套创科园，主要用于土地平整、基础设施建设和早期营运。自此，河套开发迅速进入公众视野，被视为解开香港产业政策过度依赖地产和金融、科技创新动力不足、青年就业空间狭窄、楼价长期居高不下等深层次矛盾的一把钥匙，广受期待。

（三）

2019年2月18日，《粤港澳大湾区发展规划纲要》（下称《纲要》）正式发布，同年8月18日，《中共中央　国务院关于支持深圳建设中国特色社会主义先行示范区的意见》（下称《意见》）出台，标志着河套开发踏上了第四个历史节点。

建设粤港澳大湾区，是新时代推动形成全面开放新格局的新尝试，也是推动“一国两制”事业发展的新实践，在国家发展大局中具有重要战略地位。支持深圳建设中国特色社会主义先行示范区，体现了新时代继续办好经济特区的历史逻辑，是深圳新一轮改革发展的总方向。其中，关于河套开发，《纲要》明确指出：“支持落马洲河套港深创新及科技园和毗邻的深方科创园区建设，共同打造科技创新合作区，建立有利于科技产业创新的国际化营商环境，实现创新要素便捷有效流动。”《意见》进一步提出，要“加快深港科技创新合作区建设，探索协同开发模式，创新科技管理机制，促进人员、资金、技术和信息等要素高效便捷流动”。

两个文件都强调了建设“科技创新合作区”的问题，表明深港之间打造一个以科技创新为主题的合作平台已获得一致认可，但命名还是没有最后敲定。有人提出落马洲的“落马”二字不吉利，河套的“套”字会限制发展空间，要像雄安新区那样为合作区新取一个名字。各方意见不统一，直到2020年10月14日习近平总书记在深圳经济特区建立40周年庆祝大会上发表重要讲话，提出要“规划建设好河套深港科技创新合作区”。河套之名，一锤定音。在深圳方面看来，河套合作区驶上了快车道。在各项创新政策的加持下，开发可圈可点，加之皇岗口岸区和福田保税区本身就有基础，稍加整治便能见出大致模样。

2023年9月，新冠疫情已结束半年有余，我与深圳经济特区研究会调研组赴港调研河套开发进展情况，从新界元朗古洞村半山上一个警察哨所（据说这里曾是改革开放前外国游客从香港眺望中国内地的观景点）俯瞰河套香港园区，眼前仍旧是一片火柴盒般纵横排列的方舱医院，仅有的为创科园设计的三栋建筑尚未封顶。

一河两岸，对比鲜明。脑子里竟浮现出台湾诗人洛夫当年在此眺望内地时写下的那首《边界望乡》，浮现出诗中那些拨动心弦的句子：

说着说着
我们就到了落马洲
雾正升起　我们在茫然中勒马四顾
手掌开始出汗
望远镜中扩大数十倍的乡愁
乱如风中的散发
……

（四）

时间终于来到2023年8月，国务院印发《河套深港科技创新合作区深圳园区发展规划》（下称《规划》），标志着河套合作区正式上升为国家级合作平台。

这个规划虽然是为深圳园区做的，但着眼于整个合作区。《规划》指出，河套是香港北部都会区与广深港科技创新走廊的天然交汇点，区位优势突出，跨境合作条件优越。深港两地经济基础雄厚，科技创新活力强劲，合作开发意愿强烈，协同发展潜力巨大。在深港之间众多合作领域中，科技创新是“最大公约数”。新时代赋予深港合作新内涵、新使命，亟需以合作区为突破口和先行区，推动开放创新和协同发展，推动更大范围有效配置资源，推动创新要素便捷高效流动。要坚持科技创新和制度创新双轮驱动，坚持深圳园区和香港园区协同发展，立足“深港科技创新开放合作先导区”“国际先进科技创新规则试验区”“粤港澳大湾区中试转化集聚区”三大定位，努力将河套打造成粤港澳大湾区高质量发展的重要引擎。

根据《规划》精神，深圳旋即制定了实施方案和三年任务清单，并成立河套合作区深圳园区发展署，快马加鞭推进河套开发。

河套合作区毗邻皇岗、福田两大口岸，联结三大通道，即两大口岸通道及福田保税区一号通道，有六条地铁线和两条城际轨道（穗莞深城际、深广中轴城际）在此交会。依此地利，深圳园区确立了“一心两翼”总体空间格局：以福田/皇岗口岸综合服务区为中心，东翼为皇岗口岸片区，规划建设国际协同创新区和国际人才社区；西翼为福田保税区，规划建设高端科研区和中试转化基地。并且，合作区北有光明科学城和深圳大学城，南有香港科学园，互成犄角，协同联动。其形其势，如大鹏展翅，翱翔在广深港科技创新走廊这一创科大动脉上。

短短数年，深圳园区的高端科创资源已从“零的突破”快速形成“集聚发展”局面，目前实质推进和落地高端科研项目超150个，六大科创集群（量子谷产业集群、生物医药产业集群、湾区芯谷产业集群、大数据及人工智能产业集群、能源科技产业集群、香港高校项目集群）建设稳步推进，以“基础研究+技术攻关+成果产业化+科技金融+人才支撑”为载体的全过程创新生态链不断完善。

深圳新一轮改革发展方兴未艾，深港双城合作进入新阶段。在如此背景之下，河套合作区建设提级加速，对香港的意义，对深圳的意义，以及对这两座脱胎于新安县母体的兄弟城市合作发展的意义，都在逐步显现。国务院印发《河套深港科技创新合作区深圳园区发展规划》，恰逢新安建县450周年，在时间的巧合中，我们分明感受到了某种历史的必然。

罗湖：一个人与两座城相遇

深圳出版社推出了两卷本《口述罗湖：难忘那些春天的故事》，通过50位口述者的亲历亲见亲闻，讲述自己在罗湖发生的故事。翻阅这些故事，仿佛打开了记忆的百宝盒。因了深圳的传奇，也因了香港的沧桑，罗湖的历史文化内涵极丰富。不夸张地说，一千个人眼里有一千个罗湖。每个人关于过往的记忆，都是选择性记忆。大的时代背景或许会随着时光流逝逐渐被人淡忘，其间一些小的回忆，却格外刻骨铭心。

（一）

在深圳诸多地名中，人们最熟悉的应该是“罗湖”了。据考证，“罗”是古越人对山的称呼，而“湖”一般指陆地围着的大片水塘。那么，罗湖之“罗”是指哪座山呢？罗湖之“湖”又在哪里？

比较流行的说法，深圳经济特区建立之初，炸掉罗湖山填平罗湖，换来今天罗湖火车站一带的建设用地，成为经济特区发展的滥觞。打开搜索引擎，你会在一些媒体报道或个人回忆录里，读到类似大同小异的表述：现在的罗湖火车站广场、联检大厦、罗湖小区，当初都是搬运罗湖桥边的罗湖山填的。那个时候，施工技术还不够先进，工程队日夜兼程，一锹一锹地挖，一车一车地运，硬是凭着愚公移山的精神，开创出一片改革开放的试验田。

这种说法容易让人联想到开天辟地、筚路蓝缕的经济特区建设意象，因其鼓舞人心，多年来得到社会普遍认同。深圳经济特区建立之初，的确通过铲掉一些山头，填平一些低洼，打造了一批建设用地。曾听一位朋友说过：深圳有两个有名的开山炮，第一个是蛇口的开山炮，炸的是微波山；第二个是罗湖的开山炮，炸的是罗湖山。如今在深圳市档案馆里还可以查到一张当时的施工示意图，在文锦渡口岸和罗湖口岸之间，有一个小山头，确实标注的是“罗湖山”。

不过，这座山头（或其他被铲平的山头）是不是古人所指的“罗”，填平的水塘是不是古人所指的“湖”，我总有些怀疑，也没有查到令人信服的文献资料。近段时间涉猎深圳历史文化，从罗湖一带的山形地势中似有所悟：罗湖之“罗”或许并不是一个普通的山头，它可能指向深圳最大山体梧桐山；罗湖之“湖”或许也不是一个普通的水塘，而是泛指今天深圳水库一带的连片水体。梧桐山作为粤东大岳莲花山的余脉，主要位于罗湖区，山下庞大水体古已有之，迄今仍呈“五湖（仙湖、洪湖、东湖、银湖、深圳水库）绕山”之势。而深圳河作为梧桐山下最大的河流，最初被称作罗溪，也顺理成章了。

这样看来，罗湖之“湖”与深圳之“圳”，很可能是同源的。古时州县，地域广大，人烟稀少，人们的视野十分开阔。想当年，一脉罗山耸立，一片罗湖环绕，一条罗溪远去，构成了古罗湖地区的山水大势。罗湖村开基第二代传人袁百良有诗“罗溪水长渔歌晚，梧岭峰高月吐迟”，后人亦有“罗溪峻岭水还深，上有乔松百尺阴”（袁渔隐）、“梧峰吐月映罗溪，缟带飘飘赤勘西”（袁皓）等句。山，生梧桐以引凤；水，驭云雾而耕月。正是如此大山大水，成就了古人命名的依据。进而，这一脉山水在后来的历史进程中，数百年风云演变，从一个侧面反映了近代中国的万千气象。

我曾就此向梧桐山风景区管委会的刘永金教授请教，他也认为这个解释更合逻辑。刘教授是一位治学严谨的传统知识分子，大学毕业就来管委会工作，一辈子研究梧桐山，目前正牵头编撰《梧桐山志》。他对梧桐山及周边山山水水如数家珍，几十年来，经过反复勘察核对，纠正了不少似是而非的说法。比如新安八景之一的梧岭天池，古籍上既然有“深不可测”之说，就不可能是山顶上那片干涸的小水塘，根据有关描述，结合地形地势分析，原址应当在山腰的恩上水库一带。

（二）

罗湖之名，最早的文献记录可追溯至明天顺八年（1464年），用以描述当地“五水归湖”的独特地貌。罗湖用作地名，始于清朝初年的罗湖村。近代以来，罗湖一直是指罗湖村或罗湖生产大队，隶属深圳镇。1979年宝安县改设为深圳市，分六个区，其中罗湖区下辖深圳镇和附城、福田、盐田三个公社。这是罗湖作为特定地域名称，首次超出一个村的范围，并反过来管辖深圳镇。次年，深圳经济特区建立，不久宝安县复置，罗湖、南头、沙头角三区被合并为罗湖区，统辖整个经济特区。此时的罗湖，是历史上辖地范围最广的时期。后几经沿革，直至1990年福田、南山分别设区，1998年盐田设区，罗湖辖地才固定下来。

可见，罗湖作为深圳经济特区最早的行政建制和建成区、中国改革开放的重要策源地，见证了深圳成长的历史。罗湖地名的变迁，归根结底是与深圳经济特区建设同频共振，进而与国家改革开放大潮同向而行的结果。如今罗湖区十个街道办事处的格局，是1983—2003年长达20年机构调整的结果。最初只设立了黄贝、南湖、桂园、蛟湖（后改为东门）、笋岗、翠竹六个街道，称“老六街”。其中，黄贝街道是区委、区政府所在地，东门街道位于原商业中心深圳墟，南湖街道紧邻香港，是跨境贸易交流的南大门，笋岗街道则集中了深圳经济特区建立后诞生的若干新地标，故被戏称为罗湖的“北上广深”。今天东湖、东晓、清水河、莲塘等四个街道所辖地域，当时大多还是位于经济特区边缘的插花地，20世纪90年代后期至21世纪初才陆续分拆单设。

一个多世纪以来，在罗湖这片热土上诞生了一大批具有地标意义的地名和建筑，传承着深圳之所以成为深圳的历史文化基因，罗湖也因此获得了“地标收割机”的雅号。当你听到深圳墟、罗湖桥、老东门、渔民村的时候，脑子里是不是会浮现出一幕幕沧海桑田的生动画面？而国贸大厦作为“深圳速度”的助产婆，地王大厦土地拍卖创下多年不曾打破的天花板，京基100引领鹏城购物休闲的新时尚，这些走马灯似的深圳最高建筑，以特有的高度、速度、力度，不断拓展着罗湖的天际线。

虽然坊间一直有“深圳的过去看罗湖，现在看福田，未来看南山”的说法，但罗湖从未停止自己前进的步伐。在当前大力发展新质生产力的背景下，罗湖着眼于继续提升城市品质，正着力打造“三力三区”：具有世界潮流引领力的国际消费中心核心区，具有全球资源配置力的深港合作发展先行区，具有国际市场辐射力的现代服务业集聚示范区。香港特区政府提出的北部都会区行动纲领，也把罗湖定位于港深紧密互动圈，推动建设口岸商贸及产业区。天时地利由来久，跃马扬鞭正当时，一个崭新的罗湖正阔步向我们走来。有道是：

巍巍罗岭梧桐间　一脉罗溪入远天
但问罗湖何处去　且看旧浪启新帆

（三）

与罗湖结缘，始于2004年9月。当时，我从北京被派往香港工作。北方已入深秋，岭南也有了些秋意，但总体上还是一片暑热的感觉。现在回过头来看，跨过那座小小的罗湖桥，竟是跨过了人生的一大转折。

我的罗湖故事，承载着自己与这方水土的缘分，也是对深圳、香港这两座别具特色城市的一些个性化感悟。从20年的活动轨迹看，我与罗湖十个街道都多多少少有些交集。不过，就个人经历而言，罗湖作为一个整体，是自己从北京人变成香港人进而成为深圳人的中转站。在这个过程中，街道的划分对我是没有多大意义的，甚至整个罗湖的地理存在都很模糊，而主要以一种文化存在，作用于自己不惑、耳顺之年的心路历程。

贝岭居宾馆位于黄贝街道的黄贝岭村，20世纪80年代修建，直到

2010年紫荆山庄落成，一直是香港中联办驻深圳办事处驻地。我到香港工作头几年，经常入住贝岭居，或开会，或写材料，或约谈统战对象。工作之余，同事们会相约在宾馆外的街道上散步，到了饭点儿随便找一家街边店，品尝各地特色饮食。黄贝路上森然而列的梧桐树，据说是深圳经济特区建立时就栽下的，让人印象特别深刻。它们谈不上十分高大，但枝繁叶茂，由里而外透出一种遒劲来。所以，这一带是深圳经济特区的起点，也是我认识这座奇迹之城的起点。

贝岭居所在的黄贝岭村，是深圳最古老的广府民系村落之一，也是罗湖区传统的政治经济文化中心。明朝初年，张姓始祖辗转迁移此地开基立业。数百年来，先后建立了水贝、黄贝、湖贝、向西等村落，加上张氏祭祖的罗芳村菠萝山，共同构成大名鼎鼎的黄贝岭片区。这些村落占据了罗湖主要建成区，素有“一个黄贝岭，半个罗湖城”的说法。作为深圳建设的滥觞之地，黄贝岭集中反映了深圳城中村的早期特征：富而乱。大街小巷纵横交织，外来人员多而杂，素质良莠不齐，治安状况堪忧，甚至落下了“二奶村”等不雅称号。当然，这些都是历史了，深圳市经过持续经年的城中村改造，如今的黄贝岭已是高楼林立，绿树如荫，秩序井然，成为“湾区枢纽，万象罗湖”的一张金名片。

黄贝岭往南，有一条不大的河流，即深圳河。关于这条河流对我的文史观产生的深远影响，已有专文论及，不在这里细述。倒是想起一段传说，颇耐人寻味。与黄贝岭隔河相望的，是香港北区的打鼓岭。港深之间目前有7个陆路口岸，打鼓岭独占3个，可见两地接壤之多。相传，打鼓岭一带历史上由若干自然村组成，这些自然村与黄贝岭经常发生冲突。为了抵挡人多势众的黄贝岭村的攻击，打鼓岭村民制作了一个大皮鼓，当黄贝岭有人来袭时，立即击鼓通知大家合力抗敌，打鼓岭由此得名。

在香港工作期间，我经常去打鼓岭，与打鼓岭乡事委员会主席陈月明及其先生张然成了好朋友。黄贝岭与打鼓岭的历史恩怨，就是张然告诉我的。可以说，正是对打鼓岭的了解，让我进一步认识了深圳河，真切地感受到贯穿香港故事的地理逻辑：两山两水。“两山”即太平山和狮子山，隔海相望，前者是香港繁华的象征，后者是香港奋斗的象征。“两水”即维多利亚港与深圳河，维多利亚港在城区，一直被港英当局视为管治香港的得意之作，深圳河在乡郊，是香港联系祖国的根脉所在，二者共同诠释了香港的来路和去向。正是对两山两水的解读，构成了我脑子里完整的香港印象。

紫荆山庄落成后，我来贝岭居就少了，但与贝岭居的故事并没有结束。2020年底，我结束驻港返回北京，按照疫情管控规定，需在深圳隔离14天，没想到隔离酒店便是贝岭居。当我乘坐的车缓缓驶入贝岭居，熟悉的景物酝酿出一种熟悉的味道扑面而来。十多年过去了，这里的街道没有变，街边一排排小吃店没有变，院子里的布局也没有变，连宾馆房间设施都没有变。我入住的803房间，也是当年多次住过的，在楼道的尽头，非常安静。那些熬夜的时光，碰撞的思想，天马行空的闲聊，涌入脑海。一切似乎都恢复到当初的模样，心下便有些恍惚：莫非这十几年的岁月被某种神秘的力量一下子切掉了，没有留下任何痕迹?

此次由港返京，在贝岭居待了半个月。这段日子像一层厚厚的毛玻璃，模糊了心之念之的香江岁月，也像一条重新开启的通道，连接着以前的北京生活。想当初，年届不惑，我是怀着一颗建设香港改造社会之心而来的。现如今，已知天命，香港还是那个香港，我已不再是原来的我了。

（四）

香江之缘，起始于罗湖，丰富于罗湖，收官于罗湖。然而，我与罗湖的缘分还不止于此，它不但成就了我的香港故事，也开启了我的深圳故事。2021年7月初，我再次从北京南下，到深圳开始新一段人生岁月。刚来时，因等待安排住处，下榻深圳迎宾馆，在那里整整住了半年，成为继黄贝岭和贝岭居之后又一个认识深圳的入口。

深圳迎宾馆位于东门老街，东门老街亦称老东门，是鼎鼎大名的深圳墟所在地。1953年，宝安县因应经济社会和人口发展的实际情况，将县治从南头镇迁往深圳镇。1979年宝安撤县建市时，省里准备命名为宝安市，县里紧急上书，要求命名为深圳市。理由是深圳有国际知名度，尤其与香港有着千丝万缕的联系。县里的意见获得采纳，深圳市成立，随后深圳经济特区建立。深圳，一个响亮的名字，就这样大气磅礴地走上了中国改革开放的历史舞台。

由于住在迎宾馆，不需要做家务，我几乎每天下班后都会到东门老街走上一圈，感受浸润其间的市井气息。周末，则约朋友远足，我们拉了一个微信群——立秋登山队，半年时间里几乎走遍深圳的山山水水。而数次登临“鹏城第一峰”梧桐山，漫步湖滨绿道，感受罗湖的山水大观，则是其中的重头戏。

罗湖的墟市和山水卓尔不群，古村落同样极具代表性。除了前面讲到的罗湖有史以来第一大村黄贝岭，还有以“中国首个万元户村”闻名的渔民村，被誉为“圳水源头并蒂莲”的莲塘村，以及深港两地共用村名的罗芳村等，每一个村落的沧海桑田，背后都蕴藏着血浓于水的故事。搬离罗湖后，我又多次回来调研，深入村落肌理，把握经济特区脉搏，思考深圳这座奇迹之城的成长轨迹；通过梳理罗湖故事，找到了破解深港双城传奇的密码：一河两岸，同源分流，双向奔赴，彼此成就。

2024年春节前夕，罗湖区拍摄贺年宣传片《流金岁月，烟火罗湖》，其中有一句台词："当我和许多人擦肩而过，有些人会变成朋友，有些人则变成了知己。"初一听，听成"有些人会变成朋友，有些人则变成了自己"，心念一动，想着人生不就是这样的吗：一辈子会遇到许多人，走过许多地方，这些人和地方，都或多或少重塑了你，成为你人生DNA的一部分。百般感触，汇成一联：

梧岭花开，十里云烟十里锦，好汉坡前千峰耸峙百屿熨波，不负岭南胜概

罗湖形胜，半城山水半城楼，老东门外一水蜿蜒双莲并蒂，终成时代传奇

蛇口：
蛇年的回顾与畅想

深圳有一条城市步道，号称“蛇口改革开放史迹精品游径”，2024年入选全国文化遗产旅游线路。步道全长约5公里，途经10个景点，包括三洋厂房、南海酒店、明华轮、海上世界文化艺术中心及袁庚像、“时间就是金钱，效率就是生命”标语牌、微波山招商局历史博物馆等，都是一些历史价值比较突出、保存也相对完好的改革开放文化遗产遗迹。有意思的是，这条史迹径虽然以蛇口命名，大多数景点却不在蛇口街道，而在招商街道。

（一）

深圳地形东西狭长，两端各有一个半岛，如两只巨大的锚插入南海之中。东边的半岛名叫大鹏半岛，岛上有大鹏山，山下有大鹏所城，是深圳简称“鹏城”的来历。西边的半岛名叫南山半岛，也叫南头半岛、蛇口半岛。三个名称指向同一片地理区域，但内涵略有不同。称南山半岛，侧重于地理因素，因为大南山、小南山位于半岛中脊线上；称南头半岛，侧重于历史因素，当年新安县、宝安县的县城南头镇就在半岛北部；称蛇口半岛，则历史、地理因素兼而有之。一方面，半岛东南端有一"凹"字形海湾（原名水湾头湾，现名蛇口湾），使整个狭长半岛看起来像一条张开大口的巨蟒，海湾周边区域被称作蛇口，史有"蛇口山""蛇口墟"等地名记载。另一方面，20世纪70年代末"蛇口开山第一炮"轰然炸响，拉开中国改革开放的大幕，使蛇口这个地理名称成了特定的历史象征和文化符号。

网络上曾有人将两幅南山半岛的地图放在一起比较，一幅是1987年的，一幅是2020年的。1987年的地图还明显可以看出"蛇"的模样，2020年的地图看起来就更像是一头"龟"了。巧的是，在大南山与小南山连成的中脊线上，的确也有一座山头名叫"龟山"，位置和海拔都介于大、小南山之间，山顶建有齐天亭，适宜观景。40年沧海桑田，都说南山区有一半是填海填出来的，看过这两幅地图，方知此言不虚。

今天的蛇口街道和招商街道，分别成立于1990年9月和1991年2月。两个街道所辖范围，西面为南山半岛中脊线，北面是深圳湾口岸区，东面和南面是大海，这大致构成了人们心目中的蛇口区域。1979年7月，蛇口工业区破土动工，开山第一炮在此炸响。当时蛇口和招商两个街道办事处还没有成立，而蛇口工业区由招商局集团开发，地属蛇口公社。所以说，蛇口开山炮是一个比喻性用法，这声炮响发生的地方泛指蛇口一带。

在深圳经济特区建立45周年前夕，我专程走访了蛇口街道和招商街道，去探究那声开山炮响的来龙去脉。正是那声炮响，炸开了一片新天地，有了今天的深圳、今天的大湾区、今天的中国。此时此刻，打开历史的长镜头，回望这片土地走过的不平凡旅程，体会其中蕴含的历史文化内涵，别有感触。

（二）

从明朝中后期开始，蛇口周边陆续形成一些小村落，以渔村、蚝村为主，农耕村落为辅。长期以来，这里呈现出的一直是典型的沿海渔村景象：有珠江口的广府渔民来这里定居，有惠州、龙岗的客家山民来这里落业；此外，蛇口避风塘里常年停泊着潮汕渔民和水上疍民的渔船，他们也在此处生活劳作。中华人民共和国成立后，渔民上岸，聚族而居，与原有村落守望相助，互通有无。

所以，蛇口原居民村落有老有新，建立方式多种多样，一些是早期移民直接建立的，一些是疍民上岸后建的，还有大铲岛、内伶仃岛居民整体搬迁的，以及因应改革开放的需要老村迁址重建、大村拆分、小村合并等，不一而足。至20世纪七八十年代，蛇口公社下辖10个行政村和自然村：湾下村（后改名湾厦村）、南水村、渔一村、渔二村、海湾村、大铲村、后海村、水湾村、赤湾村、东湾村。其中，湾下村和南水村是农业村，其余八村或渔或蚝，或半农半渔半蚝，大都靠海吃饭。

早在这一村落格局形成之前，蛇口墟就已经存在了。清末民初，粤东沿海渔民为逃避饥荒和战乱，来到伶仃洋海域捕鱼谋生。他们以船为家，俗称“水流柴”。每当台风来临，渔民将船划进蛇口山西侧的“凹”字形避风塘。为方便上岸出售海产品，换回粮食、油盐等生活用品，他们从岸边架设一条木造引桥，延伸到海湾中，成为简易码头，时人称“烟管架”。随后，有商贩在“烟管架”沿岸搭建店铺，形成渔获交易和渔民补给的固定场所，蛇口墟的名头逐渐传开。宝安县内陆地区生产的粮食和水果，本地产出的鲜蚝、渔获、荔枝等，在这里装船运往香港。至20世纪40年代后期，蛇口墟已有一定规模，私人店铺数以十计。

一般说来，农耕村落比渔村、蚝村更容易留下文化遗产，因而更具文化传承性，但靠海吃饭的日子普遍好过靠地吃饭。根据当年留下的记录，1979年蛇口各村的人均收入分别是：渔业一村570元，大铲村410元，海湾村400元，后海村263元，湾下村251元，渔业二村195元，南水村174元。水湾村、赤湾村、东湾村当时不是行政村，未单独纳入统计。如今，这些村落都成为远近闻名的城中村，生活水平当然已不可同日而语。行政隶属关系也有所调整，后海村划入粤海街道，水湾村、赤湾村隶属招商街道，余下的村落都集中到了蛇口街道西南角不足两平方公里的地块上。

密集的城中村，造就了在深圳颇有代表性的半城半乡的城市景观：村民自建房与现代化小区相互映衬，传统村落与都市街区并存，原居民与外来租客共处。部分楼栋的底层被改建为各式各样的创意工作室或早餐摊、咖啡屋、杂货店、蔬果档、五金铺等。居住与商业垂直叠加，采光通风都不是很好，但充满烟火气，夜间大排档文化尤为活跃。方寸之地，汇聚了广府、客家、潮汕三大民系及经济特区建立后涌入深圳的各地移民，岭南文化、移民文化、渔家文化以及改革开放文化融合发展，生活方式南北交汇，华洋互见，社会风气深受香港影响。在一批批来了走、走了来的蛇口人眼里，这里无疑是独具特色的“诗与远方”。

（三）

关于深圳改革发展进程，素有“先有蛇口，后有深圳”的说法，意思是蛇口开山炮炸响时深圳经济特区尚未建立，蛇口区域的开发和建设早于全市。从1980年起，随着蛇口工业区的扩张，周边村落的土地逐渐被工业区及相关机构征用。为解决村民的工作和生活问题，村里符合条件的青壮年被招收为合同制工人，部分村落迁址重建。数年后，以蛇口工业区为龙头，孵化出一片工厂、企业、学校集聚区域，即后来的招商街道。

招商，无论是作为中国近代洋务运动中的一家标志性公司“招商局”，还是改革开放的一项标志性政策“招商引资”，都不应当是一个街道，而它终究成了一个街道。因应一家企业发展的需要，建成一片富有特色的街区，这在深圳并不鲜见，如富士康对应龙华街道、华为对应坂田街道、比亚迪对应马峦街道等。但直接以企业命名街道的，仅此一例。

说起来，这是一个很大很大的故事，我们不妨从一个人讲起。他以自己99年的传奇人生，把位于深圳东西两端的两个半岛串联起来，汇成一部史诗。

袁庚，原名欧阳汝山，1917年4月出生于大鹏半岛。早年加入东江纵队，在海陆丰和港九地区开展抗日游击战。东江纵队司令部多年驻扎大鹏半岛，袁庚随部队活动，曾任东江纵队联络处处长，负责广东沿海地区及珠江三角洲的情报工作。日本投降后，他以东江纵队港九大队上校身份被派往香港，与港英当局就港九游击队撤离九龙半岛问题进行谈判。中华人民共和国成立之初，他亲率两广纵队炮兵团解放了三门岛、大铲岛、内伶仃岛以及蛇口周边地区，并一度出任中共驻香港办事处主任。

1978年6月，年逾花甲的袁庚受时任交通部部长叶飞委派，赴香港调查招商局的经营情况。作为晚清洋务运动的代表，招商局投资创办了中国第一批民族工商企业，包括历史上第一家航运公司、第一家钢铁煤炭联合体、第一家大型煤矿、第一家银行、第一家保险公司等。但袁庚调研时，历经百年风云的香港招商局已从中国成立最早、规模最大的航运企业沦落为一条船都没有的空壳，主要资产是一个破旧的码头、一个修船厂，总值仅4000多万元。

经过4个月调研，袁庚提交了《关于充分利用香港招商局问题的请示》的报告，破天荒地提出“面向海外，冲破束缚，来料加工，跨国经营，适应国际市场特点，走出门去做买卖”等政策主张。这份在当时看来有些异想天开的报告，与中央试图改革的愿望不谋而合。三天后报告即获得批准，袁庚走马上任香港招商局第29代“掌门”，筹备成立蛇口工业区。

关于工业区的选址，袁庚也曾考虑过家乡大鹏半岛，终因与香港的交通不便而放弃。开发蛇口，当时还有一段趣闻。1979年1月31日，袁庚在中南海李先念办公室，向李先念副主席、谷牧副总理汇报：交通部已与广东省委商妥，在广东宝安地区建立一个招商蛇口工业区，并展开他随身带去的香港明细全图，请中央大力支持。李先念用袁庚递过来的铅笔，在地图的左上角，广东省宝安县南头半岛的根部画了两根线，足足有30多平方公里给他。袁庚只要了2平方公里多一点的蛇口，即今天招商和蛇口两个街道的交界区域。谁想到蛇口会有这么大的发展后劲呢，据说袁庚每每为此感到后悔。

后来的故事就无需多讲了，蛇口工业区的开山炮，是深圳从边陲小镇发展成为现代化国际大都市的起点，也是中国改革开放大潮起珠江的源头。

（四）

招商局的事业并不限于蛇口工业区的开发，还创办了中国大陆第一家股份制中外合资企业——中国南山开发股份有限公司，第一家股份制商业银行——招商银行，第一家由企业合股兴办的保险公司——中国平安保险公司，等等。至1992年袁庚离任时，招商局的总资产已增至200亿元，并打下了雄厚的发展基础，最终成为首屈一指的大型国有企业。

除了看得见的变化和数字上的政绩，招商局的蛇口实践还给改革开放初期的中国带来了理念上的革新，孕育了敢闯敢试、敢为人先、埋头苦干的深圳精神。蛇口因改革而生，也因开放而生，开放的主要对象正是隔海相望的香港。香港元素在蛇口的变革中无处不在，比如，作为深圳十大观念之首，“时间就是金钱，效率就是生命”的灵感就来自香港。

袁庚到招商局上任不久，为便于业务发展，在香港购买了一栋大楼。大楼成交那天，他看到香港商人在谈判签约时，载他来的小汽车始终没有熄火。等到买卖成交，只见港商拿着合同和2000万港元的支票，飞快地冲向已经挂上挡的小汽车，车门刚关就一溜烟地开走了。为何如此匆忙？原来，那时已是星期五下午4:00，银行快下班了，要是当天赶不上存款，就要等到下周一才能存入，这么大一笔款项，两天利息损失相当可观。这件事对袁庚触动极大，在回蛇口的轮船上，他脑海中突然闪现一句话：时间就是金钱，效率就是生命。

这样的口号在20世纪七八十年代绝对属于“非主流”，袁庚却把它制作成标语牌，立在蛇口工业区最显眼的位置。人们一到蛇口，就会看到这块大牌子，引来不少议论。在遭到重大非议后，这块牌子曾被悄悄拆除过。1984年邓小平视察深圳，参观蛇口工业区并听取袁庚的汇报。邓小平听完汇报后，走到窗前，指着一片繁忙的蛇口港码头，问袁庚：“码头是什么时候建成的？能停多少吨位的船？”袁庚一一做了回答。小平称赞道：“你们搞了个港口，很好！”袁庚又说：“我们有个口号，叫‘时间就是金钱，效率就是生命’。”邓小平的女儿邓榕提示说：“我们在路上就看到了。”

邓小平说：“对！”

袁庚说，邓小平的这个回答一语双关，态度鲜明，是对蛇口人的巨大鼓舞。

我站在蛇口渔港的闸板上，眺望着长龙卧波的深圳湾大桥把深港两地连为一体，心中百感交集。在大桥西侧，紧靠深圳湾海域，一座超级文化地标——深圳歌剧院正在抓紧建设中。这是一座由歌剧厅、音乐厅、多功能剧场等核心展演功能区和相关配套服务区构成的世界级文艺综合体。总建筑面积约21万平方米，还将配套建设超过2万平方米的文化艺术街区，为市民提供游览、展会、培训、餐饮等服务。歌剧院预计2028年竣工，那时候，一个代表深圳城市文化设施建设最高成就的世界级公共文化殿堂将在伶仃洋边拔地而起，既是高水平艺术展示的场所，更是国际文化交流的窗口。

蛇口的沧桑巨变，不是完成时，而是进行时。

（五）

蛇口乡情馆位于蛇口片区中心地段，面积约350平方米，分主题区、历史区、人文区等。通过文字说明、图表示意、实物展示和屏幕轮播等形式，生动再现了蛇口原居民的姓氏渊源、村落演变和风俗习惯，提纲挈领地追溯了深港蛇口乡亲源远流长的交往历史，把乡愁乡情乡韵展现得淋漓尽致。在大门外墙上，除了悬挂蛇口乡情馆的牌子，旁边还挂有几块牌子：香港蛇口同乡会、深圳乡情文化基地、居深港人联谊会、深港青年交流服务中心。走进乡情馆，看着一件件精美展品和小巧务实的活动空间，你不由心生感动，在这繁华喧闹的都市一角，竟有如此一个展现蛇口发展历程的微缩窗口，一个维系海外乡亲情感的文化基地，一个服务深港青年交流的联谊平台，一个能唤起蛇口人共同记忆的精神家园……

我被进门处一块名为《蛇口“十六个一”》的展板吸引。展板列举了蛇口数百年发展中具有标志性意义的16个历史事件和文化遗产。透过这“十六个一”，我们真切地感受到蛇口这块弹丸之地，因为特别的机缘，拓展出远超其体量的历史纵深和空间格局。从这“十六个一”中，可以获得对蛇口四个方面的印象：

一是英雄史诗，包括“一部诗篇”，南宋末年抗元英雄文天祥留下彪炳千秋的正气歌《过零丁洋》；“一场胜仗”，明朝中叶屯门海战第一次取得了反击西方殖民侵略的胜利；“一条要道”，蛇口海域是千年商都广州对外贸易出海必经之道；“一处前哨”，赤湾炮台耸立在虎门销烟和鸦片战争的最前哨。

二是改革引擎，包括“一个红圈”，改革开放总设计师邓小平在南海边画了一个圈；“一声炮响”，中国改革开放开山第一炮在蛇口炸响；“一个故事”，深圳经济特区谱写“春天的故事”在蛇口拉开序幕；“一句口号”，“时间就是金钱，效率就是生命”作为蛇口精神亮相国庆35周年天安门广场花车巡游。

三是发展热土，包括“一个渔港”，蛇口渔港于1990年12月被国家农业部认定为一级渔港，位列广东省十大著名渔港，是深圳市菜篮子工程基地；“一次转型”，蛇口从传统小渔村转型为现代化滨海城区；“一颗明星”，蛇口街道荣获中国街道之星、广东省街道之星、深圳市街道之星称号；“一颗宝石”，内伶仃岛被辟为国家级自然保护区。

四是内联外通，包括“一条纽带”，深圳湾大桥成为连接深港两地的第一条跨海大桥；“一个关口”，深圳湾口岸是亚洲最大的客货综合性公路口岸；“一个典范”，香港蛇口同乡会作为街道级同乡会，积极为爱国爱港爱乡事业发挥中流砥柱作用。

（六）

蛇口因海而生，向海而兴。久负盛名的蛇口渔港，延续着深圳这座南国新城从远古走来的渔村记忆。蛇口渔港的前身蛇口避风塘，原本是一个天然海湾，因其湾深水平，长期是周边渔民、蚝民出售渔获、维修船具、补充淡水的集散地，并逐渐成为蛇口经济活动和历史发展的主要承载地。1953年蛇口渔民乡成立后，宝安县对避风塘进行了多次海域整修及陆域扩建。20世纪90年代，随着建设用地日趋紧张，避风塘回填改建蛇口广场，同时在外围海域筑堤建设了蛇口渔港。

蛇口渔港2000年建成开港，不但承接了传统的渔船避风和生产作业功能，还设置了一个由海产品交易市场及冰库组成的渔人码头，占地4万多平方米，一度是珠三角地区最大的海鲜进出口港口。2018年以后，渔人码头因应滨海休闲带升级改造，将繁忙的渔业贸易码头建设成市民海边休闲的好去处。现场采购的海鲜，可以在附近的老字号餐馆里加工，地道的口味不但刺激着周边居民和游客的味蕾，还吸引了不少香港老饕专程前来打卡。

当然，蛇口的“海味”远不止于此，这里自古以来就是海上丝绸之路的重要节点。中国大陆海岸线长达1.8万公里，主要分布在华东、华南两大海域。华南海域与整个亚洲南部、非洲东部以及欧洲东南部相通，素来人口稠密，商业发达。官方航海活动如郑和下西洋，也是从这里告别故土，扬威四海。东南亚地区由此成为早年中国人出海经商或移居海外的首站和主要聚居地，习称“下南洋”。

这样一种海洋文化传统，凸显了蛇口的节点地位。赤湾天后宫也因此与天津、泉州的天后宫齐名，成为妈祖文化的三大道场之一。并且，赤湾天后宫由于地处南海门户枢纽，往往成为大小船队国内航线的最后一站，自此进入茫茫远洋。明代朝廷使节出使东南亚各国，必来此上香拜谒。在这里举行的“辞沙”祭海大典，被列入国家级祭祀活动。

赤湾天后宫始建于宋代，历经明清两朝多次修葺，越发气势宏伟。天后宫正殿面宽24米，高16米，重檐高台，上悬雍正、乾隆、光绪三帝御书金匾，颇具皇家风范。大殿前塑有天后宝像，通高6米有余，慈祥端庄，威仪肃穆。广场上耸立着巨大的“海门神寺”牌坊，蓝天碧海映衬，十分壮观。长期以来，这里不仅是宗教场所，也是历史文化的重要组成部分。想当年，以天后宫为中心的“赤湾胜概”位列“新安八景”之首，必有它的道理。

从古代海上丝绸之路经略南海到宋元海战文天祥慷慨悲歌，从鸦片战争林则徐饮恨南粤到洋务运动师夷长技组建招商局，再到改革开放潮起珠江，深圳经济特区横空出世，一路走来，蛇口都是最直接的见证者！2025年是蛇年，在中华传统文化里，蛇是灵性、智慧和生命力的象征。蛇年话“蛇口”，抚今追昔，引发诸般感悟，题诗二首以为记：

久闻蛇口南山下　吐浪吞波向海涯
片片云帆接浩瀚　湾湾碧水映流华
长桥飞渡香江近　大宇遥看日影斜
每有客来相与问　当年炮响是谁家

西洋下罢下南洋　立志千秋拓海疆
心系庙堂国运远　情牵百姓福延长
等闲前路万重浪　为有天妃一炷香
汉业唐功皆往矣　开山炮起话招商

盐田：
山环水绕越古今

偶尔刷到一个短视频，名“一句话概括深圳一个区”，对盐田是这样描述的：盐田区，深圳的世外桃源，东方夏威夷，中国的海运中心，三分之一的国货都是从这里起航走向世界。寥寥数语，盐田的大美山水和大港气派就淋漓尽致地呈现出来，让人印象深刻。

（一）

坊间流传一句调侃：恋爱在盐田，婚姻在福田；福田负责吃饭，盐田负责浪漫。何来此说？想必是盐田特有的自然风光和文史传统，比作为中心城区的福田更具生活品质。我数次到盐田“游山玩水”，体会尤深。盐田的浪漫，或许可以用八个字来形容：人文厚重，水远山高。

盐田是一个新区，1998年才从罗湖区分拆成立，却取了个老地名。这个地名是如此之老，以至于在岭南人文历史演进中具有某种标本意义。自北宋至明中叶，今天的深圳香港一带是以制盐业闻名的，陆续开设了东莞、归德、黄田、官富、叠福五大盐场，并以盐场为中心集聚相关产业和贸易，带动商埠、码头和墟市的发展。所以，盐田之名可以追溯到古代制盐业鼎盛时期。明末清初，由于种种原因，制盐业趋于萧条，而康熙《新安县志》仍载有盐田圩、盐田村、盐田迳等地名。

时过境迁，古代制盐业的遗迹在深港两地已所余不多，估计也只能从地名中看出些蛛丝马迹了。我却由于特殊的机缘，与五大盐场中的两个不期而遇。

官富盐场位于今香港观塘区，观塘亦名官塘，便得名于此。官富盐场开设于南宋初年，至清康熙年间实施迁界令而废止。其间，一度与叠福盐场合并，而叠福盐场正好位于今天的深圳盐田区、大鹏新区一带。元、明时期，“官富场”改制为“官富巡检司”，设有巡检及司吏，并驻兵以打击私盐交易。

我初到香港工作时，因联系区议会而与时任观塘区议会主席陈振彬先生相识。陈振彬现任全国人大代表，是一位从基层成长起来的实业家，也是一位活跃的社会活动家。他连续担任观塘区议会主席16年，几乎与我驻港岁月重叠。后来我们又在青年工作、选举工作、社会福利工作中多有交集，成了无话不谈的朋友。正是与陈振彬的交往，让我对观塘的前世今生有了初步了解。第一次听说官富盐场，就是与陈振彬一起去看“宋王台”时他告诉我的。宋王台是一块不规则巨石，据说南宋末年宋少帝赵昺被元军追赶逃到官富盐场，曾在这块大石头上休息过。

闲话休叙，还是说回盐田区。20世纪20年代盐田区域内开始设立现代行政建制，但名称屡经变更，先后有过沙头角乡、盐田乡、东和乡、南天门公社、三洲田公社、沙头角管理区、沙头角镇等。这些地名，大致反映了盐田的地域特征及不同历史阶段发展重心的转移。

盐田地形的突出特点，在于群峰环绕，湖泽错落，山海相依。北部山地地貌带向南部海岸地貌带逶迤铺展，始则崖高坡陡，林深草密；继则沙滩潟湖，堤岸绵延；终至入海，万顷碧波之上，大小岛屿星罗棋布，与香港印洲塘海岸公园融为一体。深圳是一座特色鲜明的南国都市，依我看，有了福田的高楼大厦和车水马龙，还要有盐田的水远山高和历史纵深，才能构成完整的鹏城印象。

（二）

盐田位列深圳九大行政区之一，但存在感向来比较弱。面积小是一个原因，关键还是人口少，GDP占比小。福田的面积与盐田差不多，人口和GDP却差不多是它的7倍。然而，盐田因其特殊的历史机缘和地理优势，以蕞尔之地，拥有了几张深圳之所以成为深圳不可或缺的城市名片。

一号名片盐田港。特殊的山形地貌，造就了盐田湾。作为大鹏湾自东向西深入陆地的一个内湾，盐田湾为深港共有，静卧在群峰峻岭之间，像一弯峨眉凝望着南国星空。以深港合资的盐田国际集装箱码头为代表的盐田港区，一直是深圳及华南地区外向型经济发展的晴雨表。20世纪90年代初起步，不到20年就实现累计集装箱吞吐量过亿。2014—2024年间，盐田港集装箱吞吐量增加33%，稳居世界第一。同时，率先实施码头岸电系统改造，四度获评“全球最佳绿色集装箱码头”。

二号名片中英街。沙头角一分为二，一边是深圳沙头角，一边是香港沙头角。多年来，两边的沙头角都辟有禁区，中英街就位于禁区之中。这条长不过两三百米、宽不过三四米的小街，深港各占一半，街心立有界碑石，街边商铺林立，体现出“一街两制”的历史景观和文化风情。走进弯弯曲曲的小街，仿佛走进中华民族风雨百年的时间隧道。

三号名片大梅沙。深圳最早开发的公众泳滩，同时是著名的人类文明遗址。大梅沙遗址位于大梅沙村前的海湾沙堤上，为新石器时代中期及周代的遗址，表明距今四五千年前就有人类在这里繁衍生息。以大梅沙海滩为中间点，一条长达19.5公里的海滨步道横卧于山海之间。栈道西起中英街古塔公园，沿海岸线串联起沙头角、盐田港、大小梅沙，湾回路转，微风轻拂，碧波荡漾，时有海鸟掠过，大大小小的岛屿星罗棋布，争奇斗艳，美不胜收。

四号名片三洲田。三洲田是一个低山丘陵盆地，西起梧桐山脉，东邻大鹏山脉。梅沙尖与马峦主峰相峙而立，宛若雄伟的南天门，守护着这片富有英雄情怀的烟火人间。这里曾经是由一些自然村落组成的山寨，历史源远流长，民风淳朴、彪悍。孙中山1900年（农历庚子年）在此发动武装暴动，史称“庚子首义”。如今，三洲田水库碧波静卧，湾汊横逸，庚子首义的遗迹掩映在宗祠碉楼、老井水塘、古木栈道的斑驳苔痕中。透过东部华侨城的现代化游乐设施，隐约可见散布于马峦古村落的岭南民居。这些有着600多年历史的客家民居保存完好，被开发成农家乐，特色餐食远近闻名。

五号名片东部华侨城。这个集观光旅游、户外运动、科普教育、休闲度假、生态探险于一体的庞然大物，把深圳主题公园建设推上新台阶。穿行在各大板块之间，大侠谷、茶溪谷、云海谷、主题酒店、天麓大宅……

处处让你惊艳，充满想象空间。作为一个超大型的综合性都市山地主题休闲度假区，东部华侨城融经济效益、社会效益、生态效益于一体，充分体现了人与自然的和谐共处。2007年，国家环境保护总局和国家旅游局共同授予其“国家生态旅游示范区”称号，成为中国首个获此殊荣的旅游区。

（三）

梧桐山是一个庞大山体，主体部分坐落在罗湖，东北方伸出一角进入龙岗，东南部山势宏阔，如一道屏风面向盐田。

面向盐田的山坡上有两条登山径，一名碧桐道，一名秀桐道。山径以石阶为主，兼以土石老路，蜿蜒而上，临近山顶处合二为一，直通“鹏城第一峰”大梧桐。两条山径一左一右形成合围之势，当你从一条山径上山，另一条山径下山，透过树丛可以看到合围其中的一片山间草坪。草坪视野开阔，略呈凹凸状延展，几株百年老树点缀其间，一泓狭长水体环绕，两旁山岭起伏，植被丰茂，浮岚如缕。

草坪及其周边山水即恩上湿地公园，被称作森林会客厅。森林会客厅概念，在世界各地由来已久，但在以快速发展著称、高楼大厦云集的深圳，实为难得。作为梧桐山国家森林公园的一部分，恩上湿地公园北倚梧桐山绻绻烟云，南向大鹏湾盈盈碧波。这片奇山妙水构成了深圳东部旅游产业带的重要节点，也是盐田区倾力打造的半山绿道公园带的核心景观，日益成为多彩盐田的一张新名片。

2023年春节，是新冠疫情后第一个春节。大年初一，我与朋友十余人，来这里“新年行山行大运”。草坪凸起处布置了一组过春节的文创作品，大红的主色调，衬以粉白色吉祥兔，与四围绿野甚是协调。三三两两的游人，或沿溪漫步，或驻足观景，或席地而坐，一下子让这片山水生动起来。

我们先是在草坪上拍照，随后缓步上行，来到恩上水库。水库离草坪一公里左右，是恩上湿地公园的主要水体，作防洪和生态景观之用。水库建于1972年，小巧玲珑，总库容19.82万立方米，集雨面积50万平方米。半个世纪以来，它静卧在梧桐山的怀抱里，恰如苍翠嫣红间一块通灵宝玉，让周遭山水充满了灵气。蜿蜒起伏的步道环绕四周，徜徉其上，大好湖光山色尽收眼底，草木花香，沁人心脾。

梧桐山脉自西南向东北逶迤隆升，呈群峰绵延之势，三大主峰依次为小梧桐、豆腐头（亦称中梧桐）、大梧桐。以前登梧桐山，多走北线，见惯了茂密的森林、缠绕的藤蔓和高大的乔木。此时才发现，与北山相比，南山风物另有其趣。由于长年海风吹拂，植被更疏朗一些。整个梧桐山溪涧密布，而南山尤甚。这里有两处全深圳水质最好的山泉水：一处在恩上水库东北方的无名小溪，附近有古村落滴水寨；一处在恩上水库西南方的老虎涧。

我与恩上湿地公园结缘，正是从老虎涧开始的，而且碰上了公园的一个大日子。那是2022年11月12日，星期六，立秋登山群的例牌活动日。我们选择了一条溯溪亲水路线，从沙头角地铁站出发，沿老虎涧攀爬而上，穿过潺潺溪流、累累顽石和森森植被，向东进入豁然开朗的恩上草坪。草坪上游客甚多，仿佛节庆的样子。几辆新能源巴士披红挂彩，停在路边。原来，专为恩上湿地公园设立的“山海专线”接驳巴士当日开通。专线巴士周末及节假日运行，半小时一班，游客可从沙头角海滨栈道乘车直抵森林会客厅。

那次老虎涧之行，被我们视作进入森林会客厅的生态走廊。沿途卵石清流，花香鸟语，成了迎客的交响乐。

（四）

恩上湿地藏于深山，千百年矣！它蝶变为通山达海的森林会客厅，是经济发展与生态文明建设双向奔赴的结果。果然，山海专线开通不到一个星期，盐田区就在这片草坪上举办了2022年招商大会。年度招商大会通常是政府面向投资者，集中展现经济活力、创新动力、投资潜力和城市魅力的舞台。森林会客厅，近则青青草地延展，盈盈溪水点缀，远则群山错落环绕，大港碧波如洗，在这里招商引资，招才引智，滨海盐田宜居宜业宜游的生态城区形象跃然而出，魅力独显。

招商大会走出高楼大厦，让政府与企业家在大自然里互动交流，给冷冰冰的经济数据带来一缕温馨。疫情尚未结束，发展已经启动，此次招商活动取得圆满成功。据不完全统计，大会现场签约项目50余个，签约总值超过1500亿元。签约总值创新高的背后，是一个个具体的投资项目，一家家实力雄厚的企业，一条条辐射力强大的产业链。人才、技术和资金从四面八方涌入，跨越山海，筑梦盐田。

绿水青山就是金山银山。盐田区凭借倚山面海、诸峰合围的独特地形地貌，正努力打造全域花园城区。以森林会客厅为中心，周边山海大观蔚然成势。西起梧桐山奇峰耸峙，东至马峦山丘壑绵延，北揽三洲田碧水绿岸，南抵大鹏湾百屿熨波，由六大主题公园群连缀而成的半山绿道公园带赫然呈现，覆盖全区4个街道。

自西向东，首先是沙头角街道的半山公园群，依托梧桐山麓部分低海拔山体及老虎涧瀑布等自然资源，将正坑公园、沙头角公园等重要节点进行串联。其次是海山街道的恩上公园群，以沙头角林场丰富的自然生态资源为底，形成鸳鸯谷、恩上湿地、恩上水库等特色景观。再次是盐田街道的系列公园群，包括梧桐山麓公园群，翠岭湖/红花坜/三洲塘水库公园群，菠萝山公园群，整个片区集生态观赏、休闲娱乐、文化展示于一体，通过若干具有独特视野的观景平台体验“日出沙头，月悬海角”的经典传说。最后是梅沙街道的滨海公园群，依托大小梅沙海岸景观，结合上坪、叠翠湖等水库资源，打造海潮驿站、日升平台等观景节点，展现山、海、湖、城的完善演绎和绝世浪漫。

半山绿道公园带全长69公里，修筑了十大风光看台。漫步其间，穿云破雾，沐风揽翠，品红赏绿，听海观潮，宛若海天之间一条“生态翡翠项链”悠然而卧，森林、溪涧、水库、山径、草坪、海滩等各类地貌纷呈，山海连城魅力尽显。极目处，盐田港烟波浩淼，云蒸霞蔚，森然陈列的集装箱和高耸的塔吊也透出几许浪漫来。透过海岛与海面交错缠绕的山山水水，海平线上一轮红日冉冉升起。满载集装箱的巨轮从这里出发，驶出深港双城共有水域，传承着海上丝绸之路的古老情怀，把中国与世界联结成休戚与共的人类命运共同体。抚今追昔，翩翩浮想与沧桑之慨，连同难以名状的豪情油然而生。

在这一湾山水的C位，梅沙尖如巨大的绿色尖锥，从逶迤山岭中挺拔而出。当你站在梅尖顶上，凭栏远眺，四围山色水韵尽收眼底。脚下古木藤蔓缠绵，仿佛在诉说这方水土久远的故事。东部华侨城的欧式城堡和半山别墅群，与沙头角中英街的老店铺遥相呼应。山间公路穿过密林，若隐若现，蜿蜒而去。远方山水相依，海天一色，天高地阔，新时代大美盐田的浪漫画卷，向我们徐徐展开……

遥看大港入云天　百屿熨波鸥鹭闲
满目青山环绿水　几多沧海化桑田
晴空万里因君洗　老蔓千秋为我悬
饶是熏风知客意　一丝一缕一缠绵

深汕：

莲花山脉从这里入海

深汕，大约是深圳最年轻的地名了。作为深汕特别合作区的简称，顾名思义，深汕之名得于深圳市与汕尾市各取首字组合而成。这一地名看似随意，却有着极其丰富的内涵。它不只是发达的深圳与相对落后的汕尾结缘，而是在全面深化改革扩大开放的背景下，历史积淀与现实需要、大陆文化与海洋意识交汇而催生的一块热土，孕育着无限广阔的想象。

（一）

2022年国庆节前夕，一个偶然机会，我与深汕相遇。按照市里统一安排，我率队去深汕督导检查安全生产工作。在与合作区负责人沟通情况时，我谈到对当地历史文化和特别合作区这种模式感兴趣，话题就天马行空了。海陆丰地区历来是个有故事的地方，短短两天逗留，我的思绪在这方水土的过去、现在与未来之间穿梭，收获了一片崭新的时空。

莲花山是深圳市的重要地标，主脉却在离市中心100多公里外的深汕合作区。其实，不只是深圳，广州、东莞、惠州、汕尾以及香港都各有一座以“莲花”命名的山头，而这些山头都源于同一条主脉。那是一座长达三百公里的庞大山体，呈东北—西南走向，位于广东省东部，自梅州市延伸至惠州市与汕尾市交界处抵海。余脉继续向西南方发散，在深圳、香港、珠海、澳门一带形成大大小小数百个岛屿，呈现出山水相依、百屿熨波的独特景观。

莲花山主脉作为潮汕地区与珠三角地区的自然分界线，山势宏阔，气象万千。中段位于海陆丰地区，层峦叠嶂，高峰迭起，千米以上山峰多达十余座。而尾段海丰县与惠东县交界处，山体高度忽降，呈低矮丘陵状，向南则多为平坝河洼，南海碧水遥望可及，地势豁然开朗。主峰“莲花峰”超拔于平地之上，银屏山、芒山垭耸峙左右，飞瀑悬练，奇木异兽，漫山遍野皆是，乃整条山脉最精华区段。莲花山脉如一道生态屏风，吞吐海雾，涵养水源，孕育了海陆丰地区悠久的历史文化。莲花峰南麓，红海湾北岸，有海丰四镇名为鹅埠、小漠、赤石、鲘门，素以种茶、采药、制盐、捕鱼等闻名，构成了今天的深汕特别合作区。

海陆丰先民背靠莲花山脉，面向南海水域，繁衍生息，赓续不绝。山是生计的保障，代表稳定与安乐；海是生命的冒险，代表开拓与奋进。龙精虎猛，一脉相承。县治倚银瓶山，出龙津水，为田赋之源。据《海丰县志》所述：“又前为银瓶山，峭峙千仞，四时产五色奇花；二瀑布若悬练；峰顶绝锐，状犹建瓶，昂伏乾坎之间，县治倚之，龙津之水出焉……东流至于小金笼，合赤岸大小液水为三江，邑田赋赖之。”

隋唐时期，古畲族作为百越族的一支，就在这片山海之间繁衍。无论山区还是平地，诸如罗畲、南畲、万畲、山边畲、葫芦畲、畲仔、后畲埔等大量地名，反映了畲民在这一带活动范围广，聚落群体多。千百年来，他们的祖先沿着粤东海岸和莲花山脉源源而来，在这里开山赶海、繁衍生息，并与后来迁入的其他族群融合成滨海客家民系。同时，“上山为畲，落海为疍”，形成了独特的福佬文化区。这种文化继续向西、向南传播，深圳及港澳地区的城市建设、民间文化及生活习俗，都与海陆丰地区有着千丝万缕的联系。一脉莲花山，俨然成了广东客家、福佬、疍家文化及南方都市文化的宗山。

不过，这里山高水远，却不是世外桃源，中原逐鹿和北方文明的影响随处可见。据载，南宋末年，宋端宗与弟昺被元军追赶，逃至鲘门南山岭岩石下暂避，当夜适逢地震，陆秀夫奏帝题写“壮帝居”于石壁之上。文天祥起兵勤王，辗转来到海陆丰，在五岭战役中兵败被俘，至死不降，气节彪炳千秋。而今，在一面斑驳斜岩上，直书阴刻的“壮帝居”三个大字仍隐约可见，后人为此修建的宋存庵（亦称“半岭庵”）却只剩基址和纪事碑刻，孤立于百年古榕浓荫下，仿佛在述说历史的沧桑。

“凤河晚渡”为旧时“海丰八景”之一。凤河今名赤石河，是深汕特别合作区第一大河，流经赤石镇和小漠镇后注入大海。莲花山脉作为热带与亚热带两大气候带的分水岭，其主脉与两大支脉南阳山、大南山呈M形结构，海洋水汽在此受阻而形成丰沛降水。海丰地处山南海北，水系发达，河流众多，渡口密布，明清时期有记载者如赤岸渡、沙塘渡、瀌洲渡、南沙渡、石帆渡、览表渡、和丰渡、留涌渡、大德渡、丽江渡等。位于赤石镇深涌村的凤河渡口景致尤美，得享盛名，历代文人雅士多以《凤河晚渡》作同题吟咏。清道光年间，海丰知县徐旭旦留下一首绝句，感慨光阴流逝，人事变迁，烟波今夕，让人印象深刻：

长天一色泛中流　载得归蓑月满舟
此日凤河留古渡　烟波依旧汉时秋

同样的津渡，在革命者眼里，却有着别样的感受。文人雅士看见的是风物，革命者看见的是苍生。海陆丰历史上著名的“农民运动大王”彭湃，写过这样一首绝句，表达了立志天下的雄心和国泰民安的祝愿：

磊落奇才唱大同　龙津水浅借潜龙
愿消天下苍生苦　尽入尧云舜日中

（二）

彭湃的海陆丰农运故事，我在念中学时就听过了。但对这些故事及其时代背景深入理解，却是在2022年到广东省委党校进修期间。据党校老师讲，广东省革命遗址众多，从各市分布情况看，汕尾为最，梅州次之。两市各有省级革命遗址500多处，以大革命时期和土地革命战争时期的遗址为主。莲花山脉贯通两市，历史遗址散布其间，寻古探幽，游目骋怀，分明感受到当年的峥嵘岁月和革命星火燎原之势。

让我们穿越时光隧道，回到20世纪初叶的板荡神州，烽烟滚滚的1927年。随着北伐战争顺利推进，工农运动掀起新高潮，以蒋介石为代表的国民党右翼势力，加紧勾结帝国主义和大资产阶级，背叛革命，屠杀共产党人和其他左翼人士。面对蒋介石的屠刀，共产党人联合国民党左派，毅然发动南昌起义。随后，起义军挥师南下，重回革命基础较好的广东，准备先得海陆丰地区，建立工农政权，后取广州，再举北伐，夺取全国政权。

作出这一战略决策，主要是因为当时政治形势和力量对比不利于新生的工农革命武装在长江沿岸大城市发展，同时基于两点现实考虑：一是“地利”，打通华南出海口争取苏联援助；二是“人和”，依托海陆丰良好的革命基础。

珠江入海口东部，海岸线逶迤延展，依次有大鹏湾、大亚湾、红海湾、碣石湾等天然优良海湾。这一带是古代海上丝绸之路的重要节点，也是孙中山《建国方略》提出建设南方大港的理想选址。后来广州港、香港港、深圳港先后崛起，无不凸显了这些海湾的战略价值。而今红海湾小漠国际物流港方兴未艾，与前海港、盐田港构成深圳港西、中、东三翼，组合联动，全面对接香港港，一个超大规模的南方大港系统呼之欲出。

四大海湾中，大鹏湾、大亚湾位于莲花山脉以西，周边国民党统治力量强大，红海湾、碣石湾所在的海陆丰地区相对闭塞，军阀势力比较薄弱。如果占领了这一带，呱呱坠地的工农革命武装就可以避开陆上重重封锁，直接从海上或者借道香港，获取苏联等国际进步力量的支援。事实上，后来震惊中外的文化名人大营救、民主人士北上建国、抗美援朝战略物资转运，主要也是按照这个思路走的。

大革命时期，在以广州为中心的南方风起云涌的革命形势下，海陆丰地区爆发了声势浩大的农民革命运动。早在1922年，地主家庭出身的彭湃，就与5位农民一起组成广东第一个农民协会——六人农会。1923年成立海丰县总农会，1925年组建农民赤卫队。在中国共产党早期农民运动领导人中，彭湃与毛泽东齐名。1924年至1926年，国共两党合作在广州开办农民运动讲习所，彭湃和毛泽东先后担任农讲所主任。他撰写的《海丰农民运动》报告，成为当时从事农民运动的必读书。

在海丰县城广场上，有一座建于明代的海丰学宫，习称“孔庙”。学宫布局为五进院落，坐北朝南，现在保存下来的建筑有棂星门、泮池、大成门、大成殿和东西庑等。1927年10月，海丰人民在中国共产党领导下武装夺取政权，11月在这里召开海丰工农兵代表大会，宣布成立海丰苏维埃政府。这是中国最早成立的县级苏维埃政权，开创了土地革命先河，为建立工农红色政权和开辟农村包围城市、武装夺取政权道路提供了有益的启示和借鉴。1927年12月1日，在学宫广场举行了5万多人的大集会，庆祝海丰苏维埃政府成立。当天，广场周边街道墙壁都被刷成红色，“孔庙”从此改称“红宫”，广场则被称作“红场”。

1928年1月，董朗、颜昌颐等率领的南昌起义余部，与叶镛、袁裕、徐向前等率领的广州起义余部（红四师）在红场会师，并与海丰工农革命军一起建立了土地革命战争时期广东省唯一的革命根据地。在后来的斗争岁月中，周恩来、叶挺、贺龙、刘伯承、聂荣臻等一大批革命先辈，都曾在海陆丰革命根据地留下足迹。抗日战争时期，这里也是中国共产党领导华南敌后战场的重要活动区域。

遗憾的是，南昌起义主力部队南下途中遭到湘赣粤军阀重兵“围剿”，在发动轰轰烈烈的“潮汕七日红”之后，终因寡不敌众，被迫解散。担任阻击掩护的朱德所部，在梅州三河坝战役中亦遭受重创，残部不及千人，后辗转韶关，到井冈山与毛泽东率领的秋收起义部队会师，再燃革命之火。以海陆丰为基地，重新北伐夺取全国政权的战略决策，不幸夭折。

历史与现实在哪一点交汇，必然与偶然以什么方式出场，你永远无法预计。当我站在红场入口处，看着门额上彭湃手书的“红场”两个浮塑大字，不禁浮想联翩：如果历史有假设，彭湃会不会就是岭南的刘志丹，海丰会不会取代延安成为中国革命的圣地呢！

（三）

一脉莲花山，千年坎坷路。从南宋流亡朝廷的壮帝居，到孙中山的南方大港，再到中国红色革命的根据地，海陆丰这片神奇的热土上自古以来就被寄予莫大期许。而2011年2月深汕特别合作区获批成立，一个新地名横空出世，表明一份新愿景付诸实施。十多年来，合作区的管理体制不断调整完善，产业结构一直在探索充实，城市面貌发生着日新月异的变化。

深汕特别合作区的前身，是成立于2008年的深圳（汕尾）产业转移工业园。作为广东省促进区域协调发展的创新实践，工业园的管理当时是由汕尾市主导的。2011年合作区成立后，改由深圳、汕尾两市共管，享有地级市管理权限。2017年再次对合作区体制机制进行调整，明确由深圳市全面主导建设和管理。2018年12月，深汕特别合作区党工委、管委会正式揭牌。

至此，深汕管理体制和运行机制的探索基本定型，跨区域特别合作实践风生水起，发展路径越来越清晰。作为深圳第“10+1”区，深汕合作区以全方位融入深圳、融入湾区一体化发展为目标，坚持以产兴城，以城带乡，以工哺农，产城乡融合，集滨海新区、产业新城、田园都市于一体，力争成为新时代区域协调发展的创新典范。在其发展思路和功能定位上，有两点给人印象特别深刻：

一是发挥区位优势，唱好新时代的“山海经”。深汕合作区依山面海，陆地面积468平方公里，海域面积1152平方公里。这里人文历史悠久，客家、福佬、疍家、畲族等族群共处，红色文化资源丰富，坐拥山、水、林、田、湖、草等全要素自然资源，碧海蓝天、半岛海岛、古寨寺庙、温泉湿地、渔港小镇交相辉映，宜业宜居宜游。从地理上看，汕尾市并不属于粤港澳大湾区“9+2”城市范围，但深汕作为深圳经济特区的一块“飞地”，成了大湾区地形地势和管理体制的自然延伸，充当了深港双城向东拓展辐射的战略支点和整个大湾区通往粤东的桥头堡。原生态的绝美自然底色和得天独厚的人文条件，加上体制机制上的独特优势，使这座站在深圳经济特区巨人肩膀上建设的新城，拥有了无限可能的发展空间。深汕坚持以世界眼光、中国风格、深圳标准统筹城乡规划，《深汕特别合作区总体规划（2020—2035年）纲要》获得全国优秀城市规划设计一等奖。

二是着眼于全域联动，倾力打造世界一流汽车城。以发展汽车全产业链为导向，引进和培育比亚迪等龙头企业，推进产业集群集聚。立足全域，形成四大组团：东西翼组团，发展汽车制造业，重点布局智能网联汽车、新能源、新材料等产业集群，并围绕汽车产业链发展机器人、人工智能等产业；南北部组团，依托良好生态环境，发展汽车文化休闲业，提供汽车营地、测试场地、赛事服务，打造集汽车生产、汽车展览、汽车文化、汽车公园于一体的特色小镇；中部组团，建设新能源汽车总部和产研中心，涵盖汽车总部、汽车金融、汽车科创孵化、汽车专业服务等；临港组团，依托小漠国际物流港，开展智能网联汽车原材料进口、整车出口，建设汽车服务贸易平台。

2023年1月4日上午，冬日暖阳洒在红海湾波光粼粼的水面上，伴随着震天的礼炮声与现场汽车、轮船的鸣笛声，“小漠港—中东波斯湾”汽车船班轮航线正式开通。国内最大的汽车滚装轮“玉衡先锋”号，装载215台吉利汽车，直接开往海上丝绸之路的重要节点波斯湾。这是小漠国际物流港作为汽车滚装外贸港口的首秀，标志着深汕建设世界一流汽车城的宏大愿景已然融入国际物流网络。

望着启程远航的巨轮，回想到2019年出台的《中共中央 国务院关于支持深圳建设中国特色社会主义先行示范区的意见》，明确要求创新完善、探索推广深汕特别合作区管理体制。自此，深汕模式从广东战略上升为国家战略。深圳作为经济特区和先行示范区，向外辐射发展经验，是题中应有之义。建设深汕合作区，于汕尾，可以带动老区发展；于深圳，则开拓了新的发展空间。同年，深汕合作区机关刊物《望鹏山》出版，在创刊词中满怀豪情地写道：

“我们在这片热土上执着地开垦建设，肩负的是深圳经济特区的众望与重托。要坚持做到时时刻刻‘望鹏’、对标鹏城，秉承特区基因，弘扬特区精神，努力实现与鹏城深圳、粤港澳大湾区一体化发展。鲲鹏振翅八万里，扶摇直上问青天。我们望鹏山巅，远眺深圳，凝视深汕，是一片蓬勃的诗意。愿我们深汕的经济社会建设腾飞、腾飞、再腾飞，文化建设向前、向前、更向前……”

此刻，我站在一幅深汕地形图前，面对这片形若哮天犬的468平方公里热土，几个与大湾区相关的地理数字浮上心头：香港岛80平方公里，深圳经济特区建立时327平方公里，横琴、前海、南沙三大合作平台分别是106、120、803平方公里，香港北部都会区300平方公里……小小一片土地，注入新的创意，将诞生不可估量的奇迹。经济社会进步，城市格局更新，进而带动地理的变迁和文化的重塑。

街巷传奇

下篇

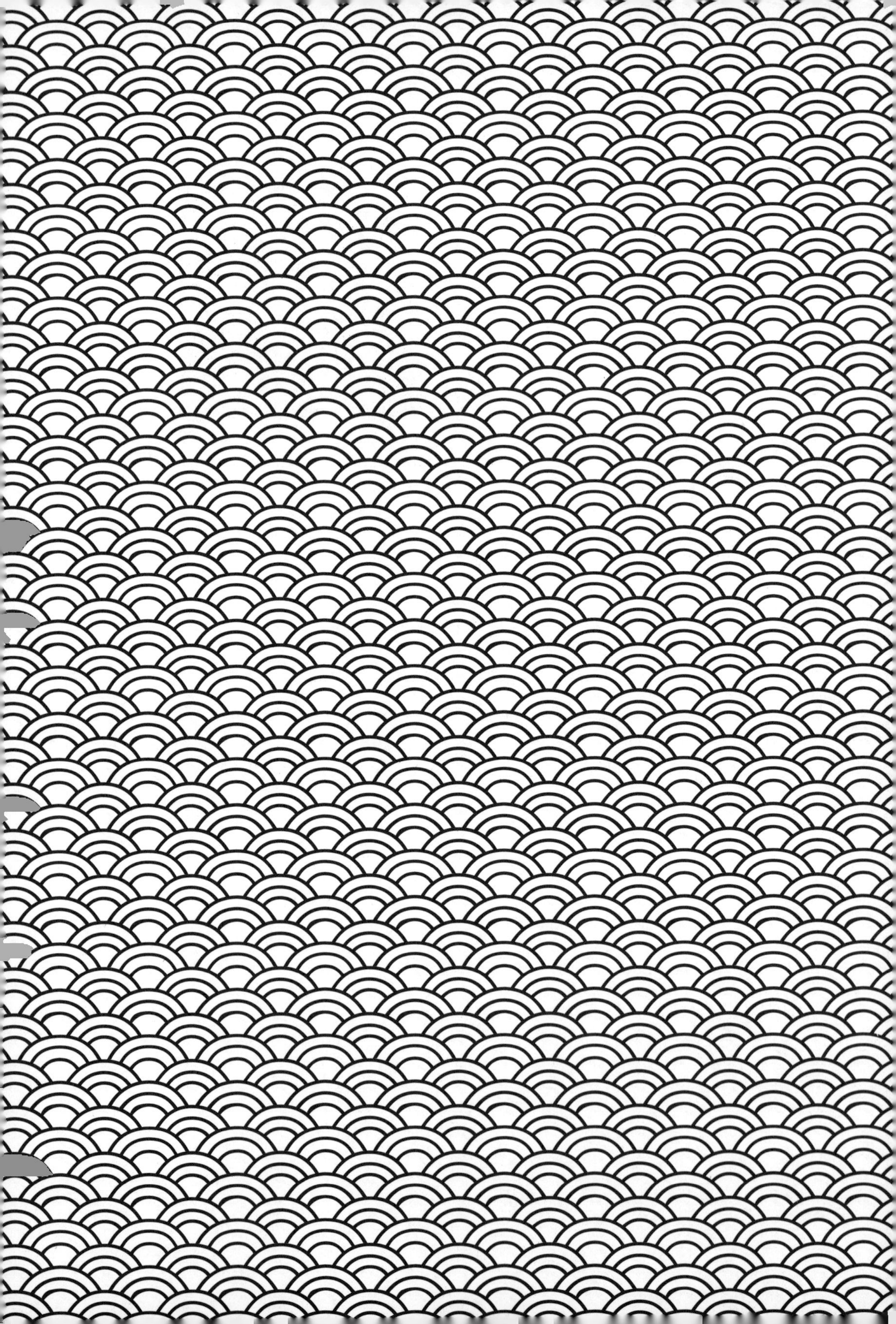

园岭：

谁是深圳第一街道？

随着经济体量的扩大和人口密度的提升，为了适应城市精细化管理需求，深圳街道办事处的数量不断增多。这一过程伴随特区发展的始终，主要有三个时间节点：1983年开始设立街道办事处，1992年原特区内完成农村集体经济股份制改造，2004年全面城市化。其间，除了原有街道拆分，还有镇改街道、新区改行政区等，都导致了街道数量的增加。至2016年最后一批街道分拆完毕，全市10区74街道的格局基本定型。后来，深汕特别合作区作为深圳市管理的一块飞地，所辖4个镇2020年改设为街道办事处，干部统一调度，有关工作安排和文献表述遂将这4个街道纳入，按全市78个街道进行统计。

（一）

南山区粤海街道被人戏称为“宇宙第一街道”，因为辖区内聚集了众多高科技企业，年度GDP多年位居全国街道之首，是美国盯得最紧的地方。波诡云谲的中美贸易摩擦，看起来像是两个街道的较量：深圳的粤海街道和纽约的华尔街。这虽然只是调侃，却形象地说明了粤海街道的实力。不过，有意思的是，这个“宇宙第一街道”，并不是大家公认的深圳第一街道。哪个是深圳第一街道，有好几种说法。

有人说是南头街道，所辖南头古城早在1700年前就是宝安县治、东官郡治，后来又成为新安县城、宝安县城，建城历史最悠久。

有人说是大鹏街道，辖区里的大鹏守御千户所城始建于明洪武二十七年（1394年），是中国古代海防卫所城池的典型代表，亦是深圳别称“鹏城”的来历。

有人说是新安街道，作为深港两地共同母体——新安县遗留下来的唯一行政建制，具有不可取代的历史文化价值。

有人说东门街道，其前身深圳墟不仅是当年新安县、宝安县经济文化中心，更是深圳作为地名的最早出处，被誉为深圳原点。

有人说莲花街道，位于城市中心，有全市知名度最高的莲花山公园，是市人大、市政府、市法院等众多政府机关所在地。

除了上述这些独具特色的街道外，还有历经中英街百年风雨的沙头角街道，坐拥“天下第一港”的盐田街道，孕育大芬油画村横空出世的布吉街道，以电子通信市场闻名全国的华强北街道……正如深圳这座“奇迹之城”本身，每一个街道都会凭着一些可遇不可求的机缘，让自己脱颖而出，星耀神州。在这个意义上，每个街道都可以称自己是“深圳第一街道”。或者说，深圳的街道没有第一，只有唯一。

（二）

城市本身有自己的发展逻辑。深圳的建城史虽然不短，但毕竟今天名震天下的南国大邑，主要还是生于改革开放，成于改革开放。街道这一建制单位，也是宝安县改制深圳市之后才出现的，并成为深圳经济特区生命活力的细胞。以改革开放的视角，或许可以把“深圳第一街道”的提法变成“特区第一街道”，就豁然开朗了。深圳从20世纪80年代开始实现跨越式发展，源于三大核心基因：敢为天下先的改革精神、大进大出的开放精神、身为“特区人”的拓荒牛精神。

以“改革”论深圳，必然追溯到著名的蛇口开山第一炮。这一炮究竟是在今天的蛇口街道还是招商街道炸响的，一直有争议。其实，开山炮作为中国改革开放交响曲的启幕乐章，是在蛇口工业区炸响的，而蛇口街道和招商街道的成立时间比工业区晚得多。蛇口工业区由招商局集团开发，地属当时的蛇口人民公社，1979年7月破土动工，蛇口街道迟至1990年9月才成立，招商街道（初为水湾街道，1993年11月改为现名）则成立于1991年2月。所以蛇口开山第一炮是一个比喻性用法，泛指蛇口片区，蛇口街道只是这一名称的继承者。

随着这声炮响，一批创业者来到蛇口，开始了大胆的探索，他们更新价值观念、时间观念、人才观念。提出“时间就是金钱，效率就是生命”“空谈误国，实干兴邦”等口号，建立全新的劳动用工制度、干部聘用制度、薪酬分配制度、住房制度、社会保险制度、工程招标制度及企业股份制度，成为中国特色社会主义现代化建设的希望之窗和改革试管。

以“开放”论深圳，离不开深港交界处的罗湖口岸。1979年，宝安撤县建市筹备建立经济特区，省里原来是准备以宝安市命名的，县里紧急上书，要求命名为深圳市。主要理由是“深圳”远比“宝安”有国际知名度，罗湖口岸位于深圳镇，广九铁路在这里设站，与香港有着千丝万缕的联系。县里的意见获得采纳，深圳市成立，次年深圳经济特区建立。因此，深圳经济特区因开放而生，开放的目标是香港及其背后的国际市场。深圳镇紧邻香港的片区，就是后来成立的南湖街道。

正是在南湖街道，一些反映深港双城关系的标志性符号，浓墨重彩地载入中国改革开放的史册。这里有饱经风雨的“罗湖桥第一哨”，有中国最早的万元户村——渔民村，有邓小平题写站名的广九铁路深圳站，有诞生了“深圳速度”的国贸大厦。走在南湖街道2.63平方公里的土地上，你会不由得想起1984年11月1日邓小平在中央军委座谈会上的讲话，他对“开放”的含义作了进一步阐述：“一个对外经济开放，一个对内经济搞活。改革就是搞活，对内搞活也就是对内开放，实际上都叫开放政策。而对外开放，我们还有一些人没有弄清楚，以为只是对西方开放，其实我们是三个方面的开放。”

诚然，在街道层面，“改革”的深圳当以蛇口为代表，“开放”的深圳则以南湖为代表。那么，“拓荒牛”的深圳又在哪个街道最具代表性呢？深圳是一座设计出来的城市，有一个号称“第一规划片区”的街道，早年的“拓荒牛”来到这里安营扎寨，绘制了经济特区这幅波澜壮阔的图画，它就是园岭街道。

园岭街道位于福田区东北部，1983年建置，属于深圳市最早成立的一批街道。在相当长时间里，园岭街道还包括华强北街道，是深圳市委、市政府所在地。正是依托着市机关，一批拓荒者在园岭建立了最初的栖息地。北有八卦岭，西有白沙岭，南有通新岭，东有红岭，不难想象，在当年那片起伏的岭丘缓坡上，成就了多少如歌岁月，谱写了多少壮美华章。南海之滨的荒滩秃岭，蜕变为高楼林立的奇迹之城，这是园岭的故事，也是深圳的故事。

如今的园岭街道，辖地只有3.03平方公里。方寸之间，40多年来，一代代园岭人筚路蓝缕，接续奋斗，把这片热土打造成了宜业、宜居、宜学的理想之地。历经多次辖区调整和产业整合，整个街道分成功能清晰的四大片区：园岭新村居住片区、八卦岭工业片区、白沙岭教育片区、现代体育文化片区。有市，有城，也有家；有热度，有高度，也有温度。

（三）

园岭街道办事处这样为自己的街道画像：要想真正读懂深圳，就要讲好园岭的故事，要讲深圳第一批南下“拓荒牛”——基建工程兵安居的园岭新村；要讲深圳经济特区建立后建成的第一所公立中学——红岭中学，以及后来日渐发展成为全市教育高地的“百花片区”；要讲走出众多知名企业的八卦岭工业区……

园岭新村位于园岭街道东南部，这里作为深圳市早期建成的最大福利房小区，深深地刻上了第一代“特区人”的文化记忆，演绎着他们的别样乡愁。小区由110多栋多层楼房组成，全部是参照当时国际上流行的住宅小区标准统一规划修建的。特别是一楼的连廊架构设计，非常新潮，成为深圳一景。40多年后的今天，当你在一个晴朗的清晨，走在迷宫般的连廊里，但见周遭斑驳的墙面上，有阳光透过树梢形成绚烂的光影跃动，如慢放的电影镜头，向你诉说过往的不凡岁月。晨起健身的男男女女，送外卖的骑手小哥，上学的孩子与散步的老人，与布置得恰到好处的植物花卉，共同构成一幅都市风情画，洋溢着惬意的生活气息。

园岭新村最初的居民是来自全国各地的“拓荒牛”：有转业的基建工程兵及其家属，也有文化、医疗、教育系统的职工。事实上，当年的通新岭、华强北一带主要是公务员宿舍，园岭新村主要是国企和事业单位宿舍，八卦岭则排列着成片的工人宿舍。深圳是一个移民城市，所谓“原居民”，其实也是早年移民。从这个意义上讲，城中村居住的是宝安原居民，园岭片区居住的则是经济特区原居民。

园岭新村正北方，便是大名鼎鼎的八卦岭工业区。它是应经济特区建设最早规划成立的工业园区，前身为1982年11月开工的鹏基工业区。凭借政策和地理优势，八卦岭工业区最早聚集了一批电子加工厂，后来拓展到包装、印刷、服装、餐饮等产业，至1990年代达到鼎盛，初步呈现出深圳经济百花齐放的壮观景象。不过短短数年，一批在这里创办的企业就具备了全国知名度，如中国激光视盘事业的开路先锋先科公司、国产电脑先驱长城计算机深圳公司等。巨大的产业聚集效应吸引了大批包装印刷厂云集于此，数量一度超过千家，成为中国首屈一指的印刷基地。欧柏兰奴、柏诗姬等本土服装品牌在这里孵化，引领时尚潮流，使八卦岭逐渐成为“深派服装”的重要生产基地和销售平台。以八卦一路为代表的餐饮企业，荟聚九州美食，碰撞出令人回味无穷的“深圳味道”。八卦岭孕育出了“金融巨头”中国平安、大型科技集团创维、知名鞋企百丽、“都市人的厨房”面点王等行业翘楚，它们从这里启航，御风踏浪，奔向五湖四海……

八卦岭的街道布局，颇能体现“深圳是一座设计出来的城市”这一特征。四横九纵的街道像棋盘一样规整，“四横”即东西向的四条略长的道路，自南向北依次为“八卦一路”至“八卦四路”，“九纵”则是南北向的九条略短的道路，自东向西依次为“八卦一街”至“八卦九街”。东西向与南北向垂直相交，如果从高空俯瞰，可以清晰地看出一个上宽下窄的梯形布局。而当你身处其间，不免会迷失在那些路径相似的“八卦阵”之中。

白沙岭片区又称“百花片区”，位于园岭新村以西。这是一片正方形街区，拥有深圳实验学校、深圳艺术学校、百花小学、荔园小学等11所省重点学校，并汇聚了大大小小百余家教育培训机构，长期以来一直是深圳学区房的“天花板”。早年闯荡经济特区的弄潮儿，无不能讲出一两个在园岭购置学区房的故事。一位北大师兄，曾在这里买了一套小两居，却因为孩子自己争气考上了重点中学没有入住，卖掉了，一进一出白赚80多万元，抵得上孩子从小学到大学的全部教育费用。

（四）

白沙岭片区往北，是一片略呈等边三角形的区域——深圳市体育中心，包括一个体育场、一个体育馆、一个游泳馆和一个网羽中心。深圳体育馆1985年12月22日正式开馆时，是全市唯一的体育馆，也是当时全国设备最先进、功能最齐全的现代化场馆。市体育中心自建成使用至2020年

6月启动改造提升工程临时封闭，30多年里承载着深圳市体育文化事业发展的厚重历史。这里承办了深圳经济特区建立20周年庆祝大会、第六届全运会开幕式、第八届亚乒赛、中超联赛等重要赛事活动，每年举办各类赛事和活动上百场，无数顶级运动员和演艺明星在这里留下足迹。游泳馆门前广场上，矗立着一座名为《走向世界》的雕塑，原型是2016年奥运会20公里女子竞走金牌获得者深圳运动员刘虹，颇具象征意义。

历时4年多的市体育中心改造提升工程已圆满完工，市体育中心于2024年10月正式投入使用。作为深圳市全民健身之城的地标性建筑，一座集专业竞演、全民健身、公共休闲、文化交流、交通集散等于一体的现代化体育圣殿，在城市中心拔地而起。除了国际一流的场馆和设施，这里还建设了空中连廊，将体育中心与园岭新村片区、八卦岭片区、白沙岭片区串联起来，形成一条休闲运动带。市民可通过连廊，前往笔架山公园和莲花山公园。

深圳几乎每个街道都有城中村，没有城中村的最初只有园岭街道，后来新增了两个——1989年从沙头街道分设的香蜜湖街道、2009年从园岭街道分设的华强北街道。有城中村就意味着有原居民，没有城中村就表示这里的居民全是移民而来。园岭人每每为此感到自豪，认为它标志着第一代“特区人”从这片土地上诞生，园岭街道堪称创造深圳奇迹的第一街道。事实上，园岭街道由于成立时间早，当时又是市委所在地，相关文献涉及基层行政机构排名时，通常将其排在第一位。

著名的群雕作品《深圳人的一天》，屹立在园岭街道红荔路旁。作品艺术地展示了1999年11月29日在这座城市生活的各行业各阶层人物群像及与之息息相关的经济社会事件和数据。18座人物雕像的原型，是从当天深圳大街小巷里来来往往的普通人物中随机选定的。几块大小不等、形状各异的黑色花岗岩背景上，镌刻着当天深圳城市生活的各种数据：股市行情、农副产品价格、天气预报以及《深圳晚报》有关版面等。这组雕塑作品作为包括原居民和外来移民在内的所有“特区人”群像的瞬间定格，是对各行各业劳动者的记录，也是对全体深圳经济特区建设者的致敬。平凡而努力着的每一个人，正是我们时代的主角。有道是：

惊天一邑入青云　但问源头何处寻
蛇口湾前新响炮　罗湖桥畔大开门
千山万水淘金客　四路九街创业魂
只见当年园岭上　翩然走出特区人

南园：

袖珍街道，烟火人间

建设中的“深圳河干流北岸碧道”，长约1200米，位于福田区上步码头附近。为了考察碧道建设情况，我们一行穿过铁丝网进入边境禁区，来到深圳河边。如此近距离地观察深圳河，是一种很难得的体验。但见一湾碧水缓缓西行，几只白鹭在水中嬉戏。对岸是一片红树林，树上栖息着更多的鸟儿，与连片的水田和鱼塘一起，书写着南国渔村的浪漫。而当我们转过身来，面前却是全然不同的景致，高楼林立，车水马龙。这截然不同的景致，让身后的河流、树林、田园以及远处起伏的山峦，更显出一种沧桑来……

（一）

面前这片热土，便是南园街道。在深圳市78个街道中，南园街道的辖地面积最袖珍，只有2.1平方公里；居住人口却最稠密，达22万人。其前身是宝安县福田公社上步生产大队，由7个自然村组成，分别是巴登、埔尾、向东围（玉田围）、祠堂村、沙埔头、旧墟、赤尾。前五个为郑姓村，后两个为林姓村，都有五六百年历史了。所以，上步之名由来已久，但为人熟知，则始于深圳经济特区的建立。深圳建立之初由4个管理区组成，上步区为其中之一，即后来市委、市政府所在地福田区。而上步区之所以改名福田区，据说是因为“上步区”与“上不去”谐音，不能体现经济特区的改革创新精神。

我们现在驻足的地方，便是上步赤尾村。身后深圳河南岸那片田园和山岭，属于香港新界的马草垄地区，分作两个自然村——马草垄新村和信义新村，当年也是赤尾村的一部分。一河两岸，一村两制，皆为林氏后裔。赤尾林氏借1992年股份制改造之机，在深圳和香港两地，联合海外族裔，筹备成立宗亲会。经过两年筹备，赤尾林氏宗亲会于1994年6月选举产生第一届理事会。宗亲会成立30年来，积极联络海内外宗亲，开展了丰富多彩的活动，为加强深港交流、促进两地发展发挥了重要作用。

其实，赤尾村进入我的视野已有好几年了。那还是在香港工作期间，偶然读到茅盾的《脱险杂记》。作者以自己的亲身经历，详细记录了20世纪40年代初由中共中央指挥部署、广东人民抗日游击总队（东江纵队前身）具体实施的香港“文化名人大营救”行动。香港1941年底沦陷后，不过短短数月，800余名被困港九地区的文化名人、爱国民主人士及其家属就“神秘蒸发”，悄无声息地突破日军及国民党反动派的重重关卡，安全地出现在抗日大后方和根据地。这场举世瞩目的传奇壮举，有力推动了中国抗日民族统一战线和国际反法西斯统一战线的形成，进而为中华文脉的存续及新中国文化建设保留了一批有生力量。

茅盾作为首批脱险的文化名人之一，在当时日记的基础上整理出版了《脱险杂记》一书。他在书中称赞这场秘密大营救的组织工作“难以想象的仔细周密”，认为它是抗战以来最伟大的“抢救”工作。营救行动分中、东、西三条线路，而主要通道是从港九城区出发，穿过大帽山地区，渡过深圳河，到达赤尾村，稍事休整后继续北上，翻越梅林坳，进入阳台山根据地。之所以选择赤尾村作为临时落脚点，是因为当时村里设有宝安县第一个中共总支部，工作基础比较好。

据书中记载，1942年1月，茅盾夫妇与邹韬奋、廖沫沙、胡绳等人“经元朗、落马洲，到深圳河边，乘船过渡到北岸赤尾村”“后来，知道今天决定在这里过宿，刚才和‘向导’同来的两三个陌生人其中有一个就是这里的伪乡长，他们答应借一排平房给我们过夜”。想当年，一批批文化名人和爱国民主人士接踵而至，小小的赤尾村竭尽所能，承担了何其繁重的庇护中转工作。

（二）

赤尾村现为赤尾社区，位于南园街道西南部，东北部与之遥遥相对的则是大名鼎鼎的巴登社区。巴登社区由巴登和埔尾两个自然村合并而成，坊间通称巴登街。巴登，这个听起来有些洋气的名字，并不是外来译名，而是地道的本土地名。巴登原名壆下墩，“壆（bó）”意为田垄，“墩”的本意是土堆，也指用木头、石头或土砖砌成的基础。壆下墩，围头话念快了就是巴登（或巴墩、巴丁、巴灯），可以理解为在田垄边修建房屋形成村落。

据当地居民讲，直到20世纪70年代，巴登村居民并不多，但田地很广阔，大多数居民住在埔尾村。埔尾村之所以人口相对密集，与该村来历有关。埔尾是上步片区立村时间最早的自然村，始建于元末。该村原名埠尾，缘于这里临近深圳河，附近有码头，古称埠头，离埠头稍远的地方便被叫作埠尾。因“埠”与“埗”相通，也称埗尾。实际上，后来遐迩闻名的“上步”这一地名，在不同时期也被写作上埠或上埗。

巴登社区位置特殊，离党政机关近，离老东门商圈近，离华强北电子市场近，离香港也近，形形色色的“深漂”和港客汇聚于此，成就了独特的深圳风情。鹏城千里赴，能不忆巴登？来自全国各地的深圳建设者们，把这片交通便捷、生活便利、租金便宜的城中村作为最初的落脚地。小小巴登，承载了多少拓荒者的青春记忆！

同时，无数香港商人也喜欢就近来此消费，餐饮、沐浴、推拿按摩等休闲产业蓬勃发展。正是在港风吹拂下的巴登街，诞生了内地第一批港式茶餐厅，涌现出各色各样的大排档和小酒楼，美发廊、K歌厅也如雨后春笋般冒出。每当夜幕降临，闪烁的霓虹灯光，交错的狭长里巷，将喧闹的巴登街演化成浪漫迷离的世界，展现了都市无尽无休的魅力，化作人们心底深处的城市印象。

经过40多年市井烟火气的浸润，巴登街旧貌新姿，韵味依然。2019年，南园街道启动“一路一街”景观提升建设工程，着力将东园路巴登段打造成集美食、休闲、文娱于一体的综合消费街区。不到1公里的街面，汇聚了数百家美食店铺，大江南北，应有尽有：“大树脚”的小锅米线清香酸爽，“颐静园”的鸭五件浓油赤酱，“塔里木河”的烤包子外酥里嫩，“山葵烤肉”的烤五花微油透亮……五湖四海逐梦鹏城的弄潮儿，都可以在这里寻觅到家乡的味道。

（三）

南园街道1983年挂牌成立，40余年来，这片土地生动地演绎了从“水田滩涂”蝶变为“繁华都市”的传奇。作为典型的老旧城区，南园的风貌肌理自带烟火气息，温婉缠绵，但随着城市更新主题全面铺开，面临的各种难题也接踵而至。南园正积极拥抱变化，拿出二次创业的闯劲和拼劲，以再出发的勇气，持续释放出新的活力。

1992年，深圳市启动乡村改制，上步实业股份有限公司挂牌成立，下设埔尾、玉田、沙埔头、旧墟、赤尾5个分公司及1个子公司——上城物业公司，成为全市乃至全国第一家村集体股份公司。这一创举，为全市集体经济发展树立了标杆，也为深圳推进农村城市化起到了探路和引领作用，上步由此被称为“中国第一村”。公司甫一成立，就积极探索集体经济发展新路子。其中，投资金融业获得巨大成功。当年便投资深圳汇商城市信用社，随后入股中国民生银行，成为创始法人股东。30多年来，上步公司先后投资入股平安银行、民生银行、深圳农村商业银行、厦门国际银行、福田银座村镇银行等十余家金融机构，集体经济稳健发展，股民分红稳步增长。而上步公司2017年打造的玉田模式，即“物业托管+专业运营+综合治理”的新型管理矩阵，再度走出了深圳市城中村治理改革创新第一步。

当旭日升起，第一缕阳光洒向鹏城大地，矗立在深南中路与上步南路交会处的上步实业股份有限公司总部大楼披上一层金辉，仿佛向世界展示深圳原居民的风采和自信。它的周边，平安银行大厦、中信国际大厦、国企大厦、锦峰大厦、佳兆业中心、深圳乐器城等摩天大楼并肩而立，与一排排村民自建小楼错落着，仿佛在述说这片岭南边陲全面城市化的路径和成果。

（四）

南园街道开启了深圳的Shopping Mall（购物中心）时代。位于深南路与南园路之间的中信城市广场，曾经是深圳最大的综合购物中心，集购物、餐饮、娱乐、休闲、观光于一体。作为市政府重点建设工程，其独特的地理位置、别具一格的建筑造型、多样化的功能设计、丰富的商业文化底蕴，淋漓尽致地展现了深圳作为经济、社会、文化对外交流窗口的风貌。

自2002年9月28日正式开业以来，这座颠覆了传统百货模式，耗资25亿元打造的超级购物中心，有一句相当霸气的口号：亚洲商业精华所在。这里引进了深圳市第一家奢侈品卖场“西武百货”、第一家五星影院“南国影城”、第一家“吉之岛”、第一家“星巴克”，一时风头无两。新冠疫情之后，中信城市广场迎来了一场持续经年的全面改造升级，有关工程目前仍在进行中。改造后更名为“iN新城市广场”，将以新的姿态，伴随时光的永恒流转，碰擦出更加炫目的火花。

一个城市的地标性建筑，往往是市民跨年倒数的首选地。在很长一段时间里，中信城市广场就是这样的城市地标。新年来临之际，人们聚集在这里，欢呼，大笑，拥抱，五颜六色的气球飘然升起，震耳欲聋的倒数声如同大海的波涛翻涌不息。互道一声“新年快乐”，满是对过往岁月的不舍和对未来生活的向往。当然，今天的深圳可供游客打卡的地方已经很多了，年轻人跨年倒数的地标也不少。但总有那么一批深圳成长的同行者，把自己关于这座南国新邑的城市记忆，锁定在中信城市广场。

华强路以深南路为界，分为南北两段。由于华强北电子通信市场名气太大，人们往往忽略了华强南也有一片这样的市场。隶属南园街道的华强南电子通信市场，规模并不比华强北小多少，分布着大大小小30余个摊档密集的市场，总经营面积超7.5万平方米。华强北、华强南连为一体，构成了全国最大的电子零部件交易集散地，也是亚洲最大的二手手机、翻新手机、手机配件交易集散地。这里的二手手机的出货量占全国80%以上，仅华强南每天的交易量就多达10万部。抚今追昔，这里走过了BP机、大哥大时代，功能机、山寨机时代，并第一时间扎进智能机、智能穿戴时代，成为中国通信科技从追跑、并跑到领跑全过程的有力推动者。

每天正午刚过，市场便开始苏醒。你若偶然来到这里，定会为那纵横交错的“一米柜台”中成叠成捆的电子零部件所惊叹。下午4时以后，市场里热闹渐起，宽宽窄窄的走道四通八达，两万余名从业人员及各种肤色的背包客穿行其间，叫卖的，询价的，拿货的，人声鼎沸，摩肩接踵，直至凌晨方歇。这片嘈杂声，是植物拔节生长的声音，是动物伺机捕猎的声音，更是社会繁荣进步的声音。它在激烈的市场竞争中，从一条条“山寨”的小溪，蹚过进口替代的河流，奔向自主创新的大海。

（五）

南园街道由于开发早，城区旧改压力相对较大，也面临种种“成长的烦恼”。随着城中村改造政策逐步收紧，有关工程不能享受土地整备、棚户区改造的政策待遇，腾挪空间越来越小，工作难度越来越大。街道有关负责人不无忧虑地说，上步片区紧邻市委等大批党政机关，在土地出让、居民搬迁、城市管理等方面做出了巨大牺牲，天长日久，老旧城区存在的“三防”安全隐患和治安隐患越来越突出，却因政策所困得不到及时、合理的改造，成了城市现代化的一块伤疤。不过他也相信，在深圳这块以创新为城市基因的热土上，只要有破釜沉舟的决心，办法总是能想出来的，任何凤凰涅槃的奇迹都会发生。

东有红岭路，西有华强路，北有深南路，三条大街横平竖直，加上南边深圳河蜿蜒的岸线，把南园街道定位在一个狭长的滨河区域。方兴未艾的城市更新，正从四面展开：

东面，巴登社区全力打造一条融合传统婚俗礼仪与现代美学艺术的特色街区——同心路，同心咖啡、同心花屋、同心酒居……如一处处爱心驿站，点缀在青春的旅途上；西面，河套深港科技创新合作区深圳园区规划在滨河、赤尾建设国际人才社区，南园街道积极配合，做好腾笼换鸟、筑巢引凤、凤凰涅槃三篇文章，提出五大建设目标（优质人才居住地、内畅外联交通圈、绿美南园生态圈、优质服务生活圈、中外交融同心圆），全力提升对国际人才吸引力；北面，依托深南大道总体建设规划，打造中信国际大厦等超甲级办公空间，汇聚国内外一流金融、科技类企业，释放崭新发展动能；南面，南华村棚改历经 5 年建设，2024 年 9 月迎来正式选房，这项创下了深圳最大棚改项目纪录，并刷新了旧住宅区改造签约速度的明星工程，再次引发各方关注。

在这“一围四合”之中，南园街道不只是一片经济社会创新、人文历史丰富、生命活力充盈的热土，还是一处弘扬中华优秀传统文化的道场。小小方寸之地，民族风情多姿多彩，非遗场馆皮影灵动，百姓书房灯火通明，中西乐器雅韵悠扬……

（六）

巴登社区打造同心路，除了婚恋主题，还有另一层寓意：民族团结，同心圆梦。在这片0.28平方公里的土地上，生活着维吾尔族、壮族、苗族等31个少数民族的近800名同胞。民族文化廊、同心茶吧、民族节日广场……无不彰显出各民族互嵌融合、和睦相处的氛围。2024年9月，巴登社区居委会荣获中共中央、国务院颁授的“全国民族团结进步模范集体”称号。

在这片民族团结进步的方寸之地，南园街道建起了全国首家社区非遗主题图书馆，以展示和弘扬民族文化为主线，陈列着丰富多彩的民族特色工艺品、器具、乐器、服饰、书籍以及民族风格摄影作品。据图书馆工作人员介绍，之所以成立这样一家主题图书馆，是认识到非遗文化与民族文化的紧密相关性，大多数非物质文化遗产其实就是各民族千百年来形成的生活方式和习惯。

经过多年打造，南园街道已然成为非遗传承的沃土，飞地非遗与本土非遗交相辉映。皮影、瓷画、埔尾茶果、潮州工夫茶等多项非遗技艺在这里有条不紊地传承和发展着。常年有15位非遗传承人驻扎在南园街道，拥有28项非遗项目，组建了16支非遗艺术团队及800余人的非遗传承队伍。每逢传统节日，他们纷纷登上校园、社区、商圈等各类舞台，为居民呈现独门绝技，几乎场场火爆，座无虚席。就是这一场场传统气息浓郁的基层文化盛宴，滋养着南园居民的小康生活。

难能可贵的是，非遗文化与居民的日常生活融为一体，人人都是非遗的实践者、欣赏者，也是传播者。诸如内画、剪纸、竹编等传统手工技艺的培训和演示，以及主题年画创作、工夫茶表演、连环画展览等，曾经在多少人心目中似乎高不可攀的艺术人文，正成为寻常生活的一部分。听着一个个特色场馆中“小小讲解员”们的生动讲解，你会感受到优秀传统文化的磅礴生命力正在被唤醒。

打造阅读友好型社区、书香亲子型社区，是南园街道孜孜以求的目标。除了全国首家社区非遗主题图书馆，这里还有全市首家24小时社区图书馆，全市首家山河风貌亲子主题图书馆，以及火遍全网的玻璃屋百姓书房。在一个个精巧的文化空间如党群服务中心、街道文化站和特色图书馆，在一处处你可能想不到却遇得到的街巷深处和广场角落，文韵书香扑面而来。从稚语孩童到青葱少年，从打工一族到退休长者，都能在这里找到精神的安放处。

老城区的记忆与新时代的潮流无缝衔接，时光在各地乡音的交流融汇中悠然度过。不时有外来游客穿行在各个街区拍照打卡、网络直播，或者带着好奇在钢琴博物馆、声音图书馆等地留下“文艺纪念”。也有年轻创业者到这片土地上“种植梦想”，运营茶咖、烘焙屋、健身房等小铺。来了就是深圳人，来了就是南园人，八方来客驻足于此，在古与今的贯通、经济与文化的交融、新城与老街的共生中，以多样化的生存体验，打开生活的画卷，感受诗意的隽永。

这些文化场景和文化设施，群星一般散落于南园街道的新村旧巷之中。而上步南路俨然一条中轴线，将其串联起来。上步南路北起深南路，南至滨河路，与滨河路交会处是一座丁字形立交桥——滨河上步立交桥。这座立交桥之所以呈丁字形，而不呈十字形，是因为滨河路南侧就是深港两地的界河深圳河，上步南路至此戛然而止。如此地形特点，使得立交桥的每一条通道都呈现出漂亮的弧线，加之滨河路是边境公路，往南再没有街道建筑，由北而来的车辆，仿佛从高楼大厦间飘然而出，驶向一片山川田园，再滑入东西两边的车水马龙……

立交桥车道分上下两层，并设有人行通道。徜徉其间，仔细品味周边景致，不由人不浮想联翩。也许在这里，你更能感受到深圳作为经济特区城市的立体性和丰富性，以及它与香港休戚与共、互相成全的关系。

圳水悠悠白鹭还　期期北望向南园
南园自古为上埠　上埠如今唤福田
一片高楼一片梦　几多辛苦几多甜
街头巷尾千千铺　烟火鹏城四十年

观澜：莫话沧桑话等闲

深圳地名，主要分作三类：一是反映地形地貌的，如罗湖、龙岗、蛇口、大鹏等；二是与居民生产生活方式相关的，如盐田、莲塘、渔民村等；三是表达美好祝愿的，如宝安、光明、福永、桃源等。这三类地名指向清晰，含义明白，仿佛随手拈来，人们通常不会在意。除此之外，有些地名却是文人雅士专门命名的，其意含蓄，韵味十足。虽然比较少见，但每当遇到，便记忆深刻，比如观澜。

（一）

传说清乾隆年间，岭南风水名师邓坤云游天下，来到东莞县与新安县交界的龙岗顶上，但见山岭连绵，秀色怡人，一条河流滔滔远去，波涛起伏，碧水回澜，遂将此地命名为“观澜”，河流则相应地被称作“观澜河”。

彼时的观澜是一片很大的区域。观澜河干流发源于深圳中部的大脑壳山，北流88公里，经东莞汇入东江。在此过程中，自西向东汇集了从阳台山、塘朗山、梅林山、银湖山、鸡公山等发源的13条支流。观澜河流域像一片树叶静卧在群峰之间，清代隶属官富司管辖，民国初期及中华人民共和国成立之初均单独设区，1958年成立观澜人民公社。后来，观澜人民公社划出所属龙华大队另设龙华公社，继而成立观澜镇，并于2004年改为观澜街道。2015年观澜街道被一分为三，设立观澜、观湖、福城三个街道。

所以，观澜有大、中、小三个范围：大观澜即历史上的观澜，泛指观澜河流域，大致相当于今天龙华区全域加龙岗区坂田街道；中观澜即当年的观澜镇，亦是最初没有分拆出观湖、福城时的观澜街道，习称"观澜片区"；小观澜特指现在的观澜街道，是2015年才形成的行政区域。人们谈及观澜的历史和文化，通常指的是中观澜范围，即观澜片区。本文在展开有关论述时，主要以小观澜作为地理基础，因为此次行文缘于一场街道走访活动，观澜片区的三个街道虽然有着千丝万缕的联系，但对各街道还是分述更能体现走访的初衷。

2024年6月下旬，深圳经济特区研究会成立专题调研组，开始对全市各个街道进行系统走访。下沉街道调研，是考虑到深圳经济特区即将迎来45岁生日，此时深入这座奇迹之城的微观肌理，可以更好地感受它的脉搏跳动，思考经济特区之路从何而来、因何而兴、向何而去。我们第一站就来到观澜街道，有意无意间，便有了"都市观澜"的意思。"观澜"一词出自《孟子·尽心上》篇：观水有术，必观其澜。寓意尽心知命，追本溯源，了解根本，获知行为方式，从而解决问题，是为"君子志道"之理。把街道视为城市的细胞，于此观澜，可观历史之澜、经济之澜、社会之澜、文化之澜。

（二）

观澜位于深圳城市中轴线的北大门，是深圳通往东莞的重要交通枢纽。这里开发并不晚，从明朝中叶起，就陆续有客家人举家从江西、福建、粤北、粤东等地迁入观澜河流域，建立了数十个大小不等的村落，形成了独特的历史文化。而在此过程中，数以万计的乡民再启徙程，迁港澳，下南洋，远赴欧美，使观澜成为远近闻名的侨乡。据不完全统计，观澜片区现有华侨华人和港澳同胞8万多人，分布在50多个国家和地区，足迹遍布五大洲。客家文化和华侨文化有一个共同点，它们深深扎根于中华传统文化，并不同程度地融合了异域文化元素，成为一道独特的人文景观。

这一人文特质，或许可以从客家宗祠窥一斑而知全豹。在著名的观澜版画村所在地大水田社区，建有两座客家宗祠，一为大树田村凌氏宗祠，一为龙门围陈氏宗祠。祠堂边各耸立着一座碉楼，据说当年曾有铁索连接，守望相助，以防贼寇。静静伫立的碉楼，仿佛在无声地诉说先辈开村立业的艰难环境。

龙门围亦称“龙门世居”，于清乾隆嘉庆年间立村。如今，当年的老围门还在，从街巷布局亦能看出最初的走势，但围村里的建筑已多次改建。陈氏宗祠始建于1926年，时值民国初期，社会动荡，建筑的安全问题必须优先考虑。旁边的碉楼即为一例，既用于防御，也作围村私塾，为陈氏子孙启蒙所用。据村里老人回忆，陈氏宗祠原本雕梁画栋，富丽堂皇，祠堂内外遍布泥塑壁画，技艺上乘，色彩斑斓，神龛雕工十分精致，古诗名联举目皆是。祠堂里还有厨灶，娶亲的花轿以及锣鼓、台凳、桌椅等整套庆典所用的器具都存放于内。逢年过节，或操办喜事，全村热闹非凡。可惜，这些器具后来都被瓜分或毁弃了，祠堂里的神龛、神主牌等亦遭破坏，诗句和壁画只剩下一些模糊的痕迹，斑驳的墙体尽显岁月的沧桑。

后来深圳打造观澜版画村，对陈氏宗祠主体结构和主要装饰进行修缮复原。目前，这座三开间三进两天井的古建筑，已能大致看出昔日的讲究。屋顶是飞带式垂脊造型，前堂正脊、博古脊头和檐板上有彩绘泥塑壁画，以山水、花鸟、瑞兽、亭台、吉祥器物等为题材，尽管彩漆脱落，残缺不全，其精致细腻仍依稀可见。祠堂内的神龛、牌位也得到恢复，修旧如旧，古朴庄重。从大门开始，三进院落入口处各镌刻着一副对联，仔细品读，陈氏家族史层层递进，仿佛走进历史的隧道。

第一联镌刻在宗祠大门的砖石墙上，“先祖千寻抬望眼，后裔万里驾长车”，以“陈氏宗祠”为横额，表达了陈氏一脉为了家族繁衍不辞万里奔波的精神。进入大门后便见第二联，“世泽绵延宝安地，远宗辉映五华峰”，以“世远堂”为横额，讲述了陈氏世远堂始祖从嘉应州五华县迁徙广州府宝安县的故事。

不过，给人留下最深刻记忆的还是第三联：世莫与京派衍颍川绵百代，远无弗届德承妫汭咏千秋，以“祖德留芳”为横额。这副对联镌刻在世远堂陈氏列祖列宗牌位两旁的廊柱上，以宏大的时空感，把岭南陈姓的源头直接追溯到中原。上联“世莫与京”语出《左传》“莫之与京”，意为家族声望之大无与伦比；“派衍颍川”指颍川乃陈氏郡望所在，家族鼎盛，门生故旧遍及天下。下联“远无弗届”化用《尚书》“无远弗届”之语，强调道德影响力跨越时空而传播久远；“德承妫汭”中的妫汭即舜帝故里，也借代舜妃娥皇和女英，指陈氏乃舜帝后裔，百代千秋，赓续不绝。

（三）

从地理上看，观澜处于新安县北部边缘。由于观澜河北流，这片区域历来与东莞的联系更多一些。深圳经济特区建立后，南山、福田、罗湖、盐田等南部行政区毗邻香港，经济社会发展接受香港辐射比较明显。面对这种情况，观澜为了克服地理局限，用好香港资源特别是赴港乡亲资源，出台了“一线一站一区”发展规划：一线即建设地铁4号线，从福田口岸直通观澜，交由港铁运营；一站即修建深圳北站，广深港高铁与地铁4号线、5号线、6号线在此交会；一区即打造观澜休闲旅游区，主要面向港人及经由香港来深的外国人。通过这一发展策略，把相对偏远的深圳北部山区同香港连接起来。

因为香港的关系，我早在20年前就对观澜有所耳闻。当时在香港工作，结识了被海外媒体称作“中国高尔夫之父”的朱树豪先生。他因应观澜休闲旅游区建设规划，在深圳与东莞交界的荒山野岭间，开发了一个近20平方公里的高档休闲运动基地——观澜湖高尔夫球会。球会1992年成立，1995年开业，2001年主体设施建设完成。在这片处女地上，朱氏家族先后投资50亿港币，建成了全国规模最大、设施最齐全的私人高尔夫度假胜地，被视为高尔夫运动进入中国大陆的一块里程碑。自开业以来，观澜湖不断推出各种世界级的高尔夫服务设施，丰富多样的休闲、康乐及养生运动，并提供相应的娱乐、餐饮配套。因此，观澜在我想象中一直是童话世界般的存在：一片湖水之畔，蓝天白云，绿草如茵，鸟语花香。

有意思的是，球会虽以“观澜湖”命名，观澜却只有一些河道水湾，并没有湖。如此命名，不知是否来源于朱先生对当地自然环境和山水形胜的想象。曾经读过一篇讲观澜的文章，作者陈世旭，其中写道：“被浓厚的草和树覆盖的重重丘陵，像波涛一样在车窗外起起伏伏，无边的清凉和馥郁气息让你觉得自己是水中的游鱼。天空中飘散着丝丝缕缕柔软的云，远远近近的树林，以一种极大的无言的欢欣，荡漾在静谧中。一阵细雨般的，不知从什么地方袭来，车窗前悄悄扬起馥郁而温馨的花粉。凭这股香味可以闻到有无数的花在忽然之间盛开。这里是深圳龙华观澜湖。”

可以说，观澜湖是无湖之湖，没有湖的形态，却有湖的神韵。体现这神韵的，不只是观澜湖高尔夫球会，还有观澜山水田园。那是一片占地约26万平方米，以绿色环保为主题，以岭南客家风情为基调，集生态文化、历史文化、红色文化以及乡村民俗文化于一体的“世外桃源”。

当然，还有被誉为“客家文化活化石”的舞麒麟和客家山歌。岭南大多数客家村落都有舞麒麟的传统，而观澜尤甚。作为传统的节庆和婚丧祭奠仪式，舞麒麟不但是一种民间音乐舞蹈，还兼具强身健体和护族卫村的武术功能。麒麟用竹片和布匹等扎成，一般长五六米。舞动时需两人配合，一人舞头，一人舞尾，把传说中瑞兽麒麟的喜怒哀乐、惊疑醉睡等神态栩栩如生地表现出来。客家山歌用当地客家方言现编现唱，有独唱、对唱、群唱、齐唱等多种演唱形式。歌曲题材丰富，大致可分为八大类：情爱类、赞颂类、教益类、嫁丧类、叙事类、欢乐类、悲叹类、谐趣类。此外，还有儿歌、谜歌等也广泛流传。

观澜文旅的业态和产品越来越呈现出自己的独特魅力，而这份魅力，是以客家文化的活化与传承为背景展开的。其中，“一墟三村”是它的主要承载者，也是它的代表作。

（四）

一墟三村中的“一墟”，即观澜古墟。作为当年新安县四大名墟之一，观澜墟始建于清朝早期，兴盛于清末民初。自东而西，新安四大名墟皆依河而建：东和墟在沙头角河畔，深圳墟在布吉河畔，观澜墟在观澜河畔，清平墟在茅洲河畔。便利的水陆交通，周边相对密集的人口，是墟市繁荣的前提和存续的条件。但社会历史的巨大变革，总是有意无意地使这些前提和条件发生改变，从而影响墟市的命运。四大名墟中，东和墟最早被中英街取代，清平墟后来成为宝安县的粮仓所在地，深圳墟由于经济特区发展的需要而彻底改建，唯有观澜墟相对完整地保留了当初的建筑格局，成为深圳现存最完整的客家风情历史街区。

观澜古墟由观澜大街、卖布街、新东街、西门街、南门街、龙岗顶街、立新巷等十几条街巷组成，自清中叶至民国时期的精美建筑比比皆是。从总体布局和风格看，这里古今交融，中西合璧，加之商品交流十分活跃，故有“小香港”之称。古墟现存碉楼15座、商铺100多间、民居数百栋，俨然一座活的客家历史、经济、文化、民生博物馆。

观澜古墟核心区域约2.6万平方米，除了街道两旁的骑楼民居外，错落其间的碉楼建筑格外引人注目。这些碉楼均建于民国时期，三合土夯筑墙体，内为木结构楼板楼梯，现大都被辟为艺术家的工作室。另有一栋西式小楼，保存十分完好，也有些鹤立鸡群的感觉。小楼一层门前出廊，立有西洋风格立柱，门额上书“公益酒家”四字。二至四层出阳台，装饰西洋风格立柱、花式栏杆及中式花草彩绘、灰塑等。顶部护墙上书“澜阁”二字，并有“岁次戊寅年建造”字样。这栋建于1938年的特色小楼，现在成了一家影视博物馆。进入小楼，徜徉在电影胶片所呈现的光影世界里，仿佛真切地感受到了岁月的流逝。

目前，观澜古墟经过保护性开发，商业运营已初具规模。通过现实的商业活动，展现昔日的繁华风貌，以传承和发扬岭南墟市文化。同时灵活运用数字技术，以排屋、碉楼为幕墙，以灯光、投影为手段，打造炫彩灯光秀，讲述百年客家墟市的演变。古朴厚重的历史文化地标与现代科技元素完美结合的光影盛宴，生动地展现了观澜古墟的丰富内涵和绝代风华。一批批市民和游客前来观赏打卡，每逢周末或节假日，举家同游，人满为患。

（五）

活化观澜古墟，并不局限于古墟本身，而是考虑到墟市的外溢影响，把周边的民俗文化遗址也纳入进来。邻近古墟有古村落名贵湖塘，一条从贵湖塘到观澜墟的客家民俗文化街正在抓紧打造中。这是一条长约500米的文旅长廊，传统民居、商铺及其他客家建筑坐落其间，起点是贵湖塘老围，终点是观澜古寺。

贵湖塘老围是一处保存比较完整的传统客家围屋，作为移民基业的实物例证，展现了客家人团结协作、重视宗族的文化传统。老围建于清朝晚期，开基祖为观澜陈氏望族松元厦振能公第四代孙寿华公。老围里除了排列整齐的数十栋民居小楼，还有祠堂、私塾、炮楼等公共设施，围前有风水塘、晒禾坪，总占地面积近两万平方米。我们走访老围时，修缮工程已经接近尾声，虽然尚未对外开放，大的模样都出来了。可以看出，此次修缮是遵循文物古迹“修旧如旧，重在保护”的原则，对围屋的主体结构做了必要的加固，破损的墙体得以修复，脱落的瓦片重新铺就，每一处细节都力求还原昔日的风貌，让人们真切地感受客家建筑风格和生活韵味。漫步其间，触目土墙石垛，青砖黛瓦，香炉烛台，尽显岁月沉淀之美。

老围的入口是一座制式特别的门楼，名“通庆门”。出于风水考虑和防御需要，该门并不建在围屋正中，进门后也不直接进入院子，而是需要经过一段斜斜的走廊，故被戏称为“歪门斜道”。与多数客家围屋门楼一样，门洞以青砖砌筑拱券，顶部设有瞭望孔。通庆门牌匾两旁的土墙上，镌刻着一副长联，透出浓郁的历史文化气息和家族传承理念：

通长乐源松轩遍九州宗功璀璨

庆兆祥流贵溪四大房事业辉煌

贵湖塘老围周边环境也得到改造，昔日杂草丛生的荒地成了绿意盎然的庭院，蜿蜒的石板路串联起各个景点。沿途还建了文化长廊，通过展板图文并茂地介绍贵湖塘村的历史沿革及民俗风情。我们边浏览展板内容，边欣赏周遭风物景致，不知不觉便来到了位于观澜古墟南门口的观澜古寺。

观澜古寺西临观澜河，东接观澜墟，传为风水大师邓坤动议修建，乾隆年间始建，光绪十四年（1888年）重修。如今的寺庙是打造观澜古墟时在原址新建的，寺内供奉观音菩萨、关公及财神爷等。寺旁有一棵200年树龄的古榕树，枝繁叶茂，苍劲挺拔，高大宽阔的树冠像一只巨手伸向观澜河畔的天空，见证并护荫着观澜古墟的百年变迁。门额是"观澜古寺"石匾，刻有"清光绪十四年"题款。两旁楹联气势磅礴，展现了观澜河流域人杰地灵的非凡意象：

古墟迎紫气纳天地人间三界福

寺庙送清波结东西南北九洲缘

（六）

讲完"一墟"讲"三村"，即位于牛湖社区的鳌湖艺术村、大水田社区的观澜版画村，以及近代版画艺术大师陈烟桥的出生地俄地吓村。三村相距不远，鳌湖老围最早建村。清康熙至嘉庆年间，邓、李、魏、曾、张、罗、巫诸姓陆续从江西、河南等地辗转迁移，落业于此，渐成村落。后来，陈姓族人也从嘉应州长乐县迁来，由于人数较多，除了落业鳌湖外，亦在周边重新开村，取名牛湖新村，原有村落遂改名为牛湖老村。牛湖新村是泛指，包括6个陈姓自然村，俄地吓便是其中之一，大水田社区的龙门围陈氏也是从这里迁出去的。

鳌湖艺术村所在的牛湖老村，是一条多姓客家村落，村里建有7座祠堂、6座碉楼、80余间民居。清咸丰年间，村民由于生活所迫并为逃避抽壮丁，纷纷取道香港去国外谋生，形成持续多年的出国潮，主要是到牙买加、苏里南以及美国、加拿大、西欧等地，牛湖老村因此成为著名侨乡。独特的村落环境和人文传统孕育了适宜艺术生长的土壤，数以百计的海内外艺术家前来生活和创作，逐渐聚集而成深圳最大的艺术创作群落。画廊、艺吧、展览馆、工作室散落在民居中，荷塘、月池、翠竹、农田和树林环绕，雅致而静谧。如今，鳌湖艺术村已获评广东省文化和旅游特色村落。

观澜版画村分东、西两区，原为两条客家古村落，分别是陈氏龙门围和凌氏大树田。两村均是风景秀美之地，依山傍水，排屋俨然，标志性建筑如宗祠、碉楼以及水塘、古井等，体现出浓郁的客家风情。自2006年9月起，这里逐渐被打造成全国最大的版画基地。大大小小的艺术家工作室、特色民宿、亲子游乐园和版画博物馆，点缀在一排排传统客家民居之间，自然而然，古色古香。经过十多年发展，观澜版画村已成为国家级"文化产业示范基地"，积淀了深厚文化底蕴和巨大产业实力。

两个普普通通的客家村落，能与版画结下这么深的缘分，得益于附近有一个俄地吓村，村里出了一个陈烟桥。俄地吓也是一座典型的岭南客家村落，始建于清康熙年间。村名来由不详，传说"俄"即"鹅"，指天鹅，"地吓"是客家话，表示"地面"，"俄地吓"意为天鹅歇脚的地方。1928年，17岁的陈烟桥从这里走出，考入广州美术学校西画科。3年后，他听从鲁迅先生"当革命时，版画之用最广，虽极匆忙，顷刻能办"的教导，转入上海新华艺术专科学校，开始从事木刻创作，终成一代大师。

走近俄地吓村口，艺术气息扑面而来。村里的道路并不宽，蜿蜒起伏，如灵蛇游弋于错落有致的民居之间。近年来，俄地吓村吸引了一批文艺工作者和非遗传承人入驻，老旧的民居成了极具个性的工作室。在他们的带动下，一场接一场高水准的文化活动相继举办，不时可以看到“大咖”的身影：作家阿来、刘震云，诗人谷禾，历史学家赵冬梅、孙家洲，电视台主持人敬一丹、撒贝宁，还有张抗抗、李银河、余世存、六小龄童、欧阳奋强……近百位国内一线学者、诗人、文化名家来到这个原本不起眼的小村落，打破山乡的沉寂，建造起文化传播的道场。

临浦观澜话古今　流年往事几纷纷
尔来北国三千里　我下南洋八万寻
水陆旧墟留胜迹　客家老宅著人文
悠悠一缕烟桥梦　云集大咖到小村

桥 头 ：

一 脉 千 秋 入 福 海

这里原本是一条河涌的入海口，名坳颈涌。河涌并不大，水量随季节变化。涌上有一座桥，桥边有一座古村落，名桥头村。现在，村子还在，涌和桥已不见了踪迹。眼前是一条人流车流熙熙攘攘的大马路，坳颈涌在这一段变成暗渠，类似马路下的排水沟。桥头村位于大马路的两旁，街巷分布和建筑格局还依稀可见旧日痕迹，体量却大了许多，已成为福海街道的中心城区，村民生活方式早已今非昔比。机缘巧合，我与桥头村结下一份缘，也便知道了这条村落的一些陈年旧事。

（一）

我与桥头村的缘分，始于与一位香港青年的结识。青年名叫林的熹，祖籍桥头村，1991年生于香港，现为立新湖教育集团董事长，参与创办了汉永酒店（桥头店）、立新湖创意园、深圳市侨联地产投资顾问有限公司等企业，并出任福海街道侨联会副主席及福海居深港人联谊会常务副会长。林的熹2013年从香港城市大学毕业后，没有继续念书，也没有找工作，而是向父亲提出要回老家创业。父亲林颂铠1961年出生于桥头村，17岁时去了香港，经过多年打拼，成为新界屯门区资深区议员。他赞成儿子回乡创业，但要的熹拿出具体投资计划书才会考虑给予他资金支持。的熹拿出了一份预算30万元的投资计划书，严格说来还算不上一份计划书，只是一个创业设想。父亲倒是痛快地答应了，不过不是一次性资助，而是每年先给5万元，以后再视情况追加。没想到的熹很快上路，这笔钱并没有用完，只接受了三四年资助，就打出了自己的一片天地。

我跟的熹结识，是参加朋友组织的一次沿深圳河50公里骑行活动。一路聊下来，想到自己曾在香港做过多年青年工作和议会工作，应该与大学生林的熹和区议员林颂铠都有些交集。的熹得知我在研究深圳古村落文化，极力邀请我去桥头村看一看。

深圳的城中村现象，是我一直关注的课题，但由于种种原因，在众多城中村中，只就临近深港边境的盐田、罗湖、福田、南山区的古村落做过一些调研；对于关外各区更大规模的城中村群落，还没来得及涉猎。我心想正好借此机会，把桥头村作为一个样板，扩大一下研究范围，于是便有了三次桥头村之行。在走访过程中，除了向有关方面负责人和街道工作人员了解情况，还与村民随机攀谈，并查阅大量村史村志及相关资料，颇有收获。

坳颈涌最初发源于凤凰山，蜿蜒流入珠江入海口交椅湾。后来修建了立新水库，坳颈涌就只剩下从水库大坝至珠江口的河段，全长5.06公里。再后来，随着城市发展和城中村改造，坳颈涌变成一半明渠一半暗渠，而且由于西部基围的开发，入海口从桥头村改到了和平村，并催生了“坳颈围”这个新村名。

大约在北宋年间，坳颈涌与交椅湾汇合处形成了一个热闹的小码头。周边地区多有人来此地经商或做工，人员往来频繁。为了方便河涌两岸的交流，时人在涌上建了一座石桥。石桥附近日渐成墟，称桥头墟，又名美和墟。以这座石桥为参照，陆续出现了桥头、桥西、桥南等地名，进而演变为村名。桥头村自南宋中期建村，历经800多年风风雨雨，分作桥西、桥南两部分，加上邻近有元朝初年建村的灶下村，以及稍晚建村的黄屋村和新村，逐步发展成了一个相对固定的生产生活片区，昔称桥头大队，今名桥头社区。不过，现在人们仍习惯把这个片区统称为桥头村，指代由五个自然村（桥西、桥南、灶下、黄屋、新村）组成的行政村。

截至2024年，桥头社区户籍人口1678人，其中1281人在改制后的桥头股份合作公司拥有股权。社区管理和服务的人口一度达到15万人，经优化调整后仍有8万多人。桥头股份合作公司资产市值近300亿元，在深圳市1746个城中村中稳居前十名（因统计口径不同，桥头村集体资产市值多年来在第六名至第八名之间浮动）。村集体收入稳步增长，村民除了房租和店铺收入外，股东分红每月可达一万余元。

（二）

像桥头村这样历史悠久而又家底殷实的岭南村落，是少不了建祠堂的。祠堂通常由该村的主体姓氏承建，单姓村一般建一座祠堂，多姓村则建多座祠堂。桥头为双姓村，主体姓氏为林姓和陈姓，林姓约占2/3，陈姓约占1/3。另有文、邓、刘、梁等少量其他姓氏，均是后来投亲或入赘落户的。所以，如果不出现特殊情况，桥头村应有两座祠堂，即林氏祠堂和陈氏祠堂。有意思的是，村里却建了三座祠堂，包括两座林氏祠堂和一座陈氏祠堂。

据《桥头村志》所载，桥头林氏为比干之后，属九牧堂，源远流长。祖籍河南，历数代，辗转迁至福建莆田。北宋末年从莆田迁往广东南雄，后分迁至东莞万江村，再迁至黄田村。南宋庆元六年（1200年）前后，桥头林氏开村始祖元厚公（振南公）由黄田迁往桥头落户，育可隐、可定、可信、可用四房，繁衍至今历30余代。现有族众1500余人，居桥头者900多人，其余散居港澳及海外各地。

桥头村两座林氏祠堂，一为桥西村的“可隐林公祠”，是区级不可移动文物保护点；一为桥南村的“振南林公祠”，亦名林氏宗祠。两座祠堂前各有一方斜卧石碑，形如一本打开的书，上刻碑文，称两祠均始建于明代，重修于清代。但可隐林公祠大门外另立有一金属牌匾，是宝安区文广旅体局为介绍文物保护点而立，称该祠堂始建于元代，桥头社区新编印的村史画册《峥嵘岁月画桥头》采用了这一说法。另据《桥头村志》记载，两座祠堂均始建于元代，且振南林公祠是清嘉庆年间族人重修祠堂时，由元厚公祖祠改名而来。

考虑到可隐公是元厚公（振南公）的儿子，如果上述说法属实，可隐林公祠是与振南林公祠同时代修建的，里面就有些故事了。我就此请教桥头社区党委书记林创基，他说由于年代久远，族谱又被毁，村里已没有人说得清楚这个事情。不过，他倒是向我介绍了家族代代相传的桥头村何以分成桥西、桥南两部分以及其中的恩怨纠葛。

振南公举家迁往桥头立村后，经数代经营，渐成规模。四房子孙各有好强者，免不了产生一些纠纷。后来，由于可隐公夫妇相继离世，长房子孙经常受二房、三房欺负，进而发展到家族祭祀时也不按既定的长幼排序。长房子孙愤而迁往村子西部，另立新村，尊可隐公为开村始祖。于是，桥头林氏一分为二，即桥西村和桥南村，各立祠堂祭祀。但长房与其他几房之间的矛盾并没有就此化解，田边地头，时有争执，1944年两村还发生家族械斗。直到1950年代农业合作化后，土地入社，设立桥头大队，桥西、桥南林氏之间的矛盾才逐渐消弭，现在两村村民的来往已完全不受影响了。

（三）

在桥头社区西南部，有一条东西向的大马路，名“重庆路”，由桥头村直通深圳国际会展中心。我原本以为这个路名取自我的老家重庆市，其实不然，它来源于路边的一个古村落——重庆村。说起来，里边也有一段充满辛酸却不乏励志的故事。

重庆村并不是官方名称，而是该村村民自己的叫法，正式文本上记载的是灶下村，为桥头社区五个自然村之一。数百年来，灶下村一直是桥头村第二大姓陈氏族人的主要聚居地。桥头陈氏尊宋恩公为始祖，南宋末年因皇室姻亲及避元之难，举家从福建莆田迁往广东南雄珠玑巷，继迁东莞归德里（今沙井街道）。宋恩公父亲为当朝驸马，本人亦官拜侍郎。迁居归德里三代之后，其孙敬德公分迁至桥头村附近开基创业。当时桥头一带已为林姓占据，林、陈两族为争夺土地、水源，冲突不断。据传，陈氏一度被悉数驱离桥头，无处可去，又纠集族众打回来，逐渐站稳脚跟后，为庆祝再度建村而取名“重庆村”。东道主林氏却不买账，不承认“重庆”而称之“灶下”，带有贬义，意为陈氏只能在林氏灶下找饭吃。

陈氏宗祠始建于清朝初年，清朝后期重修，20世纪80年代再度翻修，为砖木石结构，三开间二进一天井二廊坊布局。祠堂占地约300平方米，比两座各占地220平方米的林氏祠堂还大出80平方米。而且，祠堂外墙门楣上“重庆村”三个鎏金大字和两旁“爱国爱民为世代宗旨，如兄如弟乃一脉承传”的楹联，格外醒目。

在林创基先生引领下，我们慕名来到这座颇有历史文化内涵的陈氏宗祠。祠堂很安静，一位70余岁的长者在院子里收拾枯枝落叶，拂拭拜台上的尘埃。长者姓陈，年轻的林姓书记与陈姓大伯随意地聊着家常，气氛其乐融融，完全感觉不出两姓间旧时的恩怨。陈大伯说，祠堂平常来的人不多，一些木质结构屡遭白蚁侵蚀，损毁严重。他自己偶尔会来拾掇一下，也帮不上什么大忙，只是尽一份心而已。林书记开陈大伯的玩笑，说他是大地主，日子过得滋润，平时的营生就是收租，没事儿就来祠堂感恩祖宗。我作为陈氏后裔，又是重庆人，虽然彼重庆非此重庆，仍觉亲切，遂步入陈氏宗祠，奉上一炷香，向陈氏先人祭拜。

正如刘斯奋先生所说，岭南文化自带一股“雄直之气”。广府人、潮州人、客家人先祖筚路蓝缕开村立业的故事，世代流传。待参观完村里的三座祠堂，不禁想起深圳作家王一宪面对被拆除的岗厦文氏宗祠“五房祠”遗址时的那声感叹：如今的年轻人根本不知道五房祠内外曾经发生过的那些故事，它热闹过，温暖过，残酷过，也轰动过……

（四）

桥头村的村民现已搬入新楼房，一片现代化小区建在当年村边的田地、鱼塘上。村民按每人50平方米、每平方米1500元的成本价购买新房，村集体再以装修费补贴的形式返还。小区被命名为“桥头鸿德园”，拔地而起的高楼，咖啡色墙体，蓝色落地玻璃窗，在高天丽日下恣意抒发着深圳原居民的风采和气派。对面不远处，矗立着让桥头人引以为豪、据称为全村带来好运的石牌坊，设计精美，材质考究，上刻数副楹联，而主联尤其大气磅礴：桥迎紫气名村焕采千秋瑞，头冠青云盛世昭辉百业昌。

原来的村落被保留下来，变成城中村，不但承载着村民的乡愁，也演绎着无数外来打工者的出租屋故事。有的租住者已经在这里生活了近20年，成家立业，孩子都已上了初中。那些年久失修完全不能住人的老屋，则以断壁残垣的方式杂陈于横七竖八的村巷之间。在走访过程中，不时围过来一些村民，向我们讲述当年发生在这些老屋中的故事，如数家珍。一面面土墙，一棵棵老树，一片片残砖旧瓦，在斑驳的夕阳下自带沧桑，也显出一份别样的骄傲。随行的桥头股份合作公司董事是个30来岁的小伙子，当年长的村民指着一段残破的墙体，告诉他那就是他家的祖屋，小伙子一脸茫然。我忍不住跟他开玩笑，说你可别小看这段破墙，它可是你作为桥头股份合作公司股东的股权证明书。破旧的老屋，无声地述说着村落的历史。但据林创基先生讲，村里的老人陆续故去，年轻人对这些东西不感兴趣，本土文化存在断层的危险，如何保护和传承，是一个很迫切的问题。

除了三座宗祠和一些老屋，村里还有两处具有代表性的古建筑，颇能反映桥头村的历史文化内涵和生活品位。一是旅居美国的华侨林汝添修建的私家别墅“植利楼”，一是作为村民聚会和节庆祭祀场所的“杨侯宫”。

植利楼建于1934年，占地500多平方米，由主楼和辅楼相连而成，设计精美，建筑牢固。主体为钢筋混凝土结构，外墙用清水砖砌筑，虽然只有三层加一小阁楼，但层高足，且为碉楼风格，加上周围都是低矮土房，便有些鹤立鸡群的感觉。不过，这样一座精心建造的豪华别墅，甫一落成即逢时局动荡，主人家使用的时间并不多。1938年日军侵占福永，把别墅辟为关押抗日游击队的监狱。解放战争时期，一支国民党宪兵队驻扎于此。后来，植利楼曾作为福永公社武装部驻地。1970年代，是桥头大队的办公楼和粮仓，并在西边院墙开了一道门，便于进出。改革开放后，桥头村经济社会迅猛发展，办公场所鸟枪换炮，植利楼才弃而不用，直到2005年被列入区级不可移动文物保护点。

杨侯宫始建于清朝初年，三开间两进深，占地约100平方米。宫内供奉北宋名将杨六郎神像，终年香火不断。每年春节和特定节日，这里都会举行祭祀活动。听村里老人讲古，当年外村人攻打桥头村，杨侯显灵，全村大雾弥漫，外村人马迷路，败溃而归。

杨侯宫前有一片小广场，是村民集会和休闲娱乐的场所。人来人往中，我被广场边两棵巨大的榕树吸引。据介绍，大榕树分别栽种于1962年和1992年，栽树人是林的熹的爷爷，时任桥头大队负责人。两棵大榕树的栽种年份，正是儿子林颂铠、孙子林的熹出生次年，想必是借榕树蓬勃的生机，祈愿家族兴旺发达。正如习近平总书记论榕树：“它枝繁叶茂，苍劲挺拔，荫泽后人，造福一方，在调节气候、绿化环境中发挥了重要作用；它又具有顽强的生命力，多么贫瘠的土地，乃至乱石破崖，它都能破土而出，盘根错节，傲首云天……”

（五）

从历史渊源看，桥头村属于凤凰山下的福永片区。据载，福永原名“伏涌”，缘于当地山形水势。这里古代有一条名“三合水”的河涌，嘉庆《新安县志》这样描述：“三合水河，在县城西北，源有三派，其右自大髻婆，中自阳台，左自牛膝，至岭下合而为一，同归西乡河，入海。”这条河涌水位落差大，水流湍急，雨季山洪暴发，每每泛滥成灾，人们的愿望就是要降服它，所以称此地为“伏涌（chōng）”。

三合水和凤凰山将珠江入海口东岸分成南北两个部分，北边的沙井和南边的西乡都是经济相对发达和人口汇聚之地。伏涌处于中间交汇点上，从南头镇去往东莞县城的官道必须经过这里，地理位置十分重要。明清时期，这一带盐业和渔业颇具规模，设有管理相关事务的专门机构，并成立了基层生产组织“盐社”和“渔社”。伏涌盐社属于著名的“归德盐场十六盐社”之一，伏涌渔社亦见于有关史书。明洪武三十年（1397年），为维护生产秩序和商旅往来，在此地设立了福永巡检司。据专家考证，福永之名，“福”为“伏”同音，“永”则是北方官员误将“涌（chōng）”读作（yǒng），取其谐音雅化而来。

把“伏涌”雅化为“福永”，反映了岭南文化中一个非常普遍的现象，即重视谐音所传达的寓意。比如，车牌号通常不能有数字“4”，因为“4”与“死”谐音。标语口号爱玩谐音梗，最家喻户晓的便是“深爱人才，圳等你来”。至于地名因谐音而改的情况，更比比皆是。深圳中心城区原名上步区，因“上步区”与“上不去”谐音，遂改作福田区。坊间流传的深圳机场改名轶事，说来也很有意思。深圳机场1991年通航，因地处黄田村而被命名为深圳黄田机场。后来机场发生了一起空难，各种传言就出来了，称闽南语和潮州话中，“黄田”与“黄泉”谐音，给人带来负面心理暗示，影响乘客出行心情，也影响机场运势。于是，机场正式向中国民航局申请更名。2001年，运行10年的深圳黄田机场成功改名为深圳宝安国际机场。“宝安”取自机场所在的宝安区，且与“保安”谐音，寓意保平安，很是吉利。

是不是因为改名才产生的效果，不得而知，但“福永”确实成了一块“福祉永续”之地。当年盐社和渔社的故事无需再讲，改革开放得风气之先，引进港资发展现代养殖和对外贸易，并先后建起大批“三来一补”企业和制造业园区，一个个传统的“鱼米之乡”成长为工业强村。后来，随着宝安国际机场、国际会展中心等大型建设项目在福永周边落户，福永片区的城中村成为名副其实的“土豪村”，村集体资产市值动辄上百亿元，位于福永街道办附近的怀德村甚至高达千亿元。

2016年底，深圳市因应经济社会发展需要，调整了部分行政区划。福永片区被一分为二：东南部保留福永街道名称，辖地37.6平方公里；西北部另设福海街道，辖地31.8平方公里。不过，福永街道虽然号称37.6平方公里，但凤凰山占了近10平方公里，另有12.9平方公里属于宝安国际机场范围，剩下大约15平方公里才是街道实际的发展空间，由1个中心城区和6个城中村社区组成。

（六）

凤凰山以及山下的凤凰村，是福永街道的文化名片。凤凰村居民为文天祥宗族后裔，文氏宗祠大门两旁悬挂的“烟楼世泽，正气家风”楹联，道出了这张文化名片的精神内涵。凤凰村原名岭下村，建于元朝初年，开村始祖是文天祥的侄孙文应麟。文应麟慕其伯祖父气节，誓不与官府来往，并在山腰建了一座观音庙，对外称受观音托梦发愿，为苍生祈福，实为纪念文天祥的家庙。其时，兵荒马乱，百废待兴，应麟公怜百姓困苦，在山顶建一小亭，凭栏远望，凡家无炊烟者，便送粮米赈济。百姓感其恩德，咸称望烟楼。

毗邻凤凰村的怀德村，则是福永街道的经济名片。南宋景定年间，潘氏先祖仲鉴公携族人来此开村立业，以“君子怀德”之意取名怀德村。当然，今天怀德村得享大名，并不在其历史悠久，而是因村集体资产高居深圳城中村榜首。在我们走访过程中，怀德股份合作公司负责人反复强调，他们的资产其实没有那么多，都是网络炒作。不过，从每个股东年分红高达50万元，住房最多的村民拥有33套公寓，以及村集体全资拥有6家规模不小的公司来看，怀德的殷实程度是不言而喻的。据介绍，怀德人之所以能过上这样的好日子，得益于有一个好掌门人——潘灿森董事长。当初，福永片区征地拆迁时，他顶住压力，把拆迁款留在村集体，而不是一分了之，积累下第一桶金。在后来的发展中，坚持集体领导，并借力“外脑”探索现代化企业发展之路，以房地产开发和物业管理为核心，适度多元化经营，不断转型高质量发展，稳扎稳打，基本上没走什么弯路。

与怀德村相比，福围村以其地利，获得了另一种发展模式。福围村临近宝安国际机场，凭借便捷的交通区位优势和充足的航空货运、多式联运运力，在4.4平方公里的基围滩涂上，成功孕育了990多家物流企业。这些企业绝大多数从事国际货运代理，2023年营收近30亿元，出口覆盖全球200多个国家，福围由此被称作“国际物流村”。

福永街道大做“福”的文章，打造了一系列福文化地标。早在1999年，福永镇就落实市里提出的“一镇一广场”倡议，率先建成了占地3.9万平方米的万福广场。广场中央矗立着一座白色花岗岩九龙柱，高19.99米，直径3米，总重量260吨，是目前国内最大的石雕龙柱。广场南侧，建有一面由8833块紫砂陶拼制而成的浮雕万福壁，长130米，高6米，重110吨。双面雕刻面积1500多平方米，收录了从古至今各种福字1.6万余个。万福广场建成后，相继被评为深圳市十佳文化广场、广东省优秀文化广场、中国优秀文化广场，九龙柱和万福壁双双入选大世界基尼斯纪录。

从万福广场出发，沿福永大道前行约1800米，便是另一处福文化地标——五福盈门公园。公园占地1.5万平方米，各种带有祈福寓意的景物随处可见。大门口是一座由五个“F”组成的彩色雕塑，寓意五福临门；雕塑中心为“福”字图案喷泉，寓意福水长流。看着眼前这些福文化标识，我想到凤凰山登山径那999级麻石台阶上镌刻的那些小巧玲珑的“福”字，想到城区乡间、大街小巷的建筑和布局，或以其名，或以其形，或以其势，无不淋漓尽致地演绎着福永街道“凤山福水福盈地”的美称……

（七）

福海，寓意福脉绵长，海阔天空。2016年福永街道分家时，按照产业布局，把70%的制造业划归了新成立的福海街道。聊起这一点，街道党工委书记朱越人自豪地说：“福海是含着金钥匙出生的。”

手持这柄金钥匙，福海街道聚焦“致强福海、品质福海、精彩福海”理念，提出了“一核两翼”发展策略。所谓“一核”，是集中优势资源，高标准规划建设一个5平方公里的国际化、现代化城区。以此为核心，东倚湖山，西面江海，山海连城，打造深圳经济高质量发展的新地标。如果说“一核”主要表现为社区建设，体现了街道自身的升级换代，“两翼”则生动地反映了小街道的大志向。

具体而言，“东翼”主要围绕得天独厚的立新湖做文章。立新湖原名立新水库，1963年冬天开工兴建，1965年10月竣工，时称“立新水库大会战”。湖区位于福永、福海两个街道的交会带，占地2850亩，而1800亩湖面几乎全归福海街道管辖。但见苍翠的凤凰山下，立新湖波光潋滟，与壮阔的珠江口形成“两水夹明镜”的胜景。走在立新湖景观长廊上，水纹涟涟，青柳拂岸，虽处闹市之中，却如世外桃源。

福海街道规划的立新湖片区，是以湖为媒，全方位连接粤港澳大湾区要素资源，塑造和提升环湖研发总部、创企聚落及创研片区功能，建设独具滨湖特色的湾区科创基地。发挥地缘优势，聚焦“研发+中试”产业流程，推动综合型总部、职能型总部和成长型总部梯度发展，吸引国内外知名企业落户，助力深中、深珠、深莞创新一体化和珠江两岸深度融合，重塑深圳总部经济新格局。

东翼是总部要地，西翼则是产业重镇。整个福海街道的地形地势，大致东高西低，东窄西宽，西部滨江沿海地带形如敞口，一片体现新质生产力的现代化城区在这里拔地而起。福海河绕行其间，碧波荡漾，充满灵气。广深沿江高速公路的高架桥梁穿城而过，将其分隔成两个片区：一边是趋于成熟的会展新城，一边是方兴未艾的海洋新城。福海着力发展的“西翼”，简而言之，就是依托会展新城和海洋新城，建设深港先进制造业合作区，打造先进制造业和现代服务业融合发展的核心增长引擎。

2019年11月，深圳国际会展中心正式启用。一年后，福海街道国际会展服务办公室成立，为举办各类展会提供保障，助推会展片区高质量发展。作为全世界最大的会展基地，深圳国际会展中心业已成为全球创新产业的超级展示平台，对周边产生蝴蝶效应，形成以会展为核心的经济集群。中国会展经济研究会发布的《2023年度中国展览数据统计报告》称，深圳会展经济规模位列全国第四，仅次于上海、北京、广州，而在展馆面积等硬件设施方面已跃居全国第一，且数字展览特色突出，增长强劲。其中，深圳国际会展中心年度营收6.29亿元，利润6600万元。一个会展中心，催生一片会展新城。会展片区作为深圳市首批“国际化示范街区”和“国际化商务交往特色街区”，正成长为立足粤港澳大湾区，面向全球、面向未来的宜居宜游宜业绿色生态新城。

福海街道还是基围文化的传承地，桥头、塘尾各有特色，相互成就。想当年，基围人缘水而居，打鱼围垦，开发咸淡水养殖，形成基围美食、咸水歌等特色基围文化。如今，海洋新城在这片土地上应运而生，与北边沙井街道的海上田园相映成趣。海洋新城规划用地685.8万平方米，总建面850万平方米，人口规模约6.4万人，将建设成为大湾区海洋科创高地、中国海洋生态文明示范标杆，进而打造成全球海洋治理战略合作平台。

我们登上深圳国际会展中心城市展厅的高层写字楼，向外眺望，国际会展中心南北两大区域19个巨无霸展厅尽收眼底。越过这些展厅，可以看到建设中的海洋新城仿佛一艘巨轮，静卧在珠江口浩瀚碧波之中。锃亮的玻璃幕墙上，一条中英文标语赫然映入眼帘：“如果一座城市办会展，就相当于一架飞机在这座城市上空撒钞票——门图特（德国经济学家）。”

国际会展中心东侧，有一条长达1.68公里的空中廊道，即深圳市首座全架空型公园——高线公园。公园拥有2.23万平方米体量，在各种环保绿化设施之间，建有16个以“科技+文创”为特色的展馆，其中6个为专题展馆，10个由宝安区的10个街道办事处按照各自需求布置。每个展馆各具特色，又互相呼应，成为高科技产品、电子消费品、非遗文化等集中展示区。徜徉其上，除了参观展馆，还可近看会展新城鳞次栉比的创新创意建筑，中观海洋新城蓄势待发，远眺仃伶洋万顷碧波，仿佛进入时间隧道，又似置身折叠空间，引发无尽畅想。

（八）

在会展新城和海洋新城的烘托下，福海街道联同沙井街道，依托宝安区雄厚的制造业基础，沿两大新城东部着力建设深港先进制造业合作区。深港之间以片区形式开展合作，已有前海的现代服务业合作、河套的科技创新合作以及沙头角的国际消费合作，再加入先进制造业合作，双城合作的版图就更加完整了。这无疑是深港合作的一条新赛道，为进一步加强两地业界交流，实现产城融合，开启了巨大的发展前景和无穷的想象空间。

与其他几个合作区相比，深港先进制造业合作区的最大优势，是它已有的制造业基础。前海的现代服务业合作、河套的科技创新合作以及沙头角的国际消费合作，基本上都是在一片空地上搞起来的，建立初衷是希望借香港之长补深圳之短，主要着眼于接受香港辐射。这个启动于福海、拓展于沙井的先进制造业合作区，却拿出了“真金白银”，旨在发挥深圳的现代制造业优势，应香港业界所需，补香港业界之短，因而是深港两地在探索新型工业化路径上优势互补、结伴同行的产物。可以看出，福海虽然只是一个街道，却在承担深圳市的责任、广东省的责任，甚至国家的责任，力图在深港合作、粤港澳大湾区建设和“一国两制”实践中探索出一条新路子。

深圳市工信局与规自局共同印发了《深圳市20大先进制造业园区空间布局规划》，深港先进制造业合作区名列其中，并且是各大园区中唯一具备“空港+会展+海洋”概念叠加的园区。合作区坐拥环珠江口100公里“黄金内湾”核心，充当了深圳市西进战略和对接港澳的桥头堡。随着深中通道开通，宝安作为珠江两岸融合发展引领区的定位更加鲜明，内联外引功能进一步增强，深港两地制造业合作的空间被完全打开了。

深港先进制造业合作区总规划面积13.7平方公里，其中6.9平方公里的福海片区先行启动。福海街道专门成立了深港先进制造业合作区驻港办事处，聘请香港各界知名人士担任顾问，与港方建立常态化联系渠道，促进合作区各项业务走深走实。为对接香港近年提出的新型工业化战略，福海街道在合作区精心打造了美生云谷、莱福工业园、西丰城工业园等示范园区，全面优化营商环境，探索新形势下香港研发创新与深圳高端制造的结合路径，助力深港两地共建世界级创新型产业集群。到2025年，已初步形成“核心技术开源在香港，应用场景开发在深圳；资本市场融资在香港，智能制造产业化在深圳”的产业协调发展局面。

实际上，自2021年9月前海深港现代服务业合作区扩容以后，深港先进制造业合作区就已经被纳入其中统筹规划。前海合作区成立伊始便肩负着“依托香港，服务内地，面向世界”的使命，当先进制造业与现代服务业这样迎面相遇，可以想象，在深圳这个奇迹之城，还有什么样的奇迹不会发生呢！

有道是，千载古村入福海，桥头往事开新篇，诗以记：

珠江东岸凤山阿　九牧祠堂枕碧波
幸得湾区圆大梦　又凭展会浚商河
从来游子远方好　自古潮头传说多
但挂云帆入福海　千年古渡唱新歌

梅沙：
青峰碧浪一湾收

大鹏湾有大梅沙、小梅沙，隶属梅沙街道，而梅沙街道属盐田区。盐田区本就不大，在深圳九大行政区中是面积最小的，四舍五入才75平方公里，其中又有2/3是生态用地。梅沙街道就更小了，而且没有什么产业，在深圳这个以GDP为王的“搞钱之都”，似乎可有可无。曾听梅沙街道办事处工作人员调侃，在盐田区4个街道中，沙头角街道有中英街，盐田街道有港口，海山街道有城区，梅沙街道就只剩下一湾沙滩了。然而，正是这湾沙滩，承载着一代深圳人的集体回忆。我自己也因为一个偶然机会，从这湾小沙滩里看见了一个大世界。

（一）

那是一个星期六的上午，机关工会组织了一场参访活动，参观深圳第一艘大型海监船并考察大鹏湾。是日清晨，旭日方升，我们早早地从政协机关乘车赶往盐田港，开启了这场超乎寻常的大鹏湾之旅。

大鹏湾位于深港两地之间，北据深圳最美东部海岸线，南临香港最美海景公园印洲塘和塔门岛。湾内最大岛屿东平洲属于香港，但距深圳大鹏街道的金沙湾度假村只有2000余米。驻港期间，我曾数次登上东平洲，为其原生态海景所陶醉。到深圳工作后，又多次前往大鹏半岛调研考察，致力于推动香港近年来兴起的游跑运动（swim-run）落户深圳，为日益向纵深发展的深港双城合作营造氛围。我联同两地相关团体，设计了一条连接金沙湾度假村和东平洲的跨境游跑路线，不过由于种种原因，项目至今尚未落地。有了这个渊源，置身这片海域，便平添了一份亲切感。

我们的考察路线是从盐田港启程，出沙头角海后往东，沿海岸线至大鹏半岛西侧，绕行东平洲驶入香港水域，再自东向西回到起点，全程55.7公里。两个多小时的航程，高天丽日，白浪青波，海湾周边群峰绵延，岚雾缭绕，美不胜收。不时可见装满集装箱的万吨货轮，缓缓驶出盐田港，无声地彰显着这个吞吐量全球最大港口的存在感。

正是在这样一个特别的环境中，我看到了梅沙街道的山水全貌。首先映入眼帘的，是从连绵逶迤的群山中挺拔而出的梅沙尖。作为深圳第四高峰，梅沙尖海拔并不高，但峰形尖突，好似一把巨大的利锥切割着缕缕流云，动静相宜，风光无限。大梅沙、小梅沙海湾被一条号称全世界最长的海滨栈道串联起来，如一个舒展的M形标志，静卧在群山脚下。绵延的山峰与海湾之间，是掩映在一片绿野中的建筑物，错落有致。飘带一般的盘山公路，仿佛流动着生命能量的经脉，让一方山水灵动起来。

其实，早在六七千年前，这片海湾就有先民生活，从事原始渔猎和农耕。随着小梅沙遗址、大梅沙遗址、北梅沙遗址和宋代遗址的相继发掘，这一带除了出土反映新石器时代中晚期和周、春秋时期生产生活的陶片，后来的文明发展脉络也有迹可循。古人把海边细腻的滑沙称作“糜沙”，并用以指代他们繁衍生息之地。大小梅沙原住村民属客家民系，多为大鹏所城士卒后裔。本地方言称梅沙话，与大鹏军话同源。在梅沙话中，“糜”与“梅”同音，遂改“糜沙”为“梅沙”，沿用至今。清康熙《新安县志》就有大梅沙村、小梅沙村的记载，表明这方水土与大名鼎鼎的“深圳墟”是同时进入历史视野的。

（二）

为了更好地感受梅沙片区的山水文脉，大鹏湾之旅结束后，我专程走访了梅沙街道。这是一个很小的街道，面积不足22平方公里，户籍人口只有8800人（常住人口约2.45万人）。建置于1983年，时属深圳经济特区的沙头角管理区，1990年随沙头角管理区并入罗湖区，1998年划归新成立的盐田区。

不过，早在深圳经济特区建立之前，梅沙海湾就已成为改革开放的试验田。1979年，小梅沙开旅游风气之先河，在沙滩上用几个货柜起家创办了国内第一个沙滩假日度假基地——小梅沙度假村。以此为起点，经40余载接续奋斗，梅沙街道已拥有大梅沙海滨公园、小梅沙度假村、东部华侨城、海滨栈道、大梅沙8号仓奥特莱斯等一大批“网红”景点，从改革开放之初区区数百人的小渔村发展成为享誉全国的文旅重镇，年接待中外游客2000余万人次。特别是地铁8号线于2023年底开通后，坐地铁来这里听海、踏浪、逛夜市成为休闲新选择，创下单日游客20万人次的新纪录。

在沙头角深港国际消费合作区“一核四区”格局中，梅沙独占两区，即东部华侨城片区和小梅沙片区。盐田文旅资源得天独厚，而梅沙是盐田国家全域旅游示范区核心承载区，号称“鹏城最美后花园”。2004年，深圳市大张旗鼓评选“深圳八景”，与历史上的“新安八景”相衔接。其中三景，即梧桐烟云、梅沙踏浪、“一街两制”，均位于盐田。如果考虑到当地原村民多为大鹏所城屯军后裔，而大鹏所城名列八景之首，那么，在深圳的一流景致中，半数与这片海湾有了渊源。

大鹏湾深圳一侧，为盐田区和大鹏新区共有海岸线。单从盐田区看，梅沙位于东头。当你把盐田区与大鹏新区合在一起观察，梅沙依山面海，就处于大鹏湾岸线的中央位置了。正是基于这一独特的空间格局，深圳市正发力将梅沙海湾打造成“东方夏威夷”，使其成为世界级滨海旅游目的地。时空穿越，大美不言：

梅沙尖下梅沙洲　梅沙洲里埋土丘
土丘挖出陶瓷片　片片史前或春秋
咸称此地好风水　山海连城冠九州
亘古流光终不负　青峰碧浪一湾收

（三）

梅沙街道下辖大梅沙、小梅沙、滨海、东海岸4个社区。在社区建设发展过程中，不同社区呈现出不同的发展路径，滨海社区在街道的行政管理体系中占据重要位置，而其他3个社区在部分项目建设或区域开发中有国有企业参与，社区整体开发由政府主导，多方参与，成片系统开发：大梅沙社区由盐田的区属国企开发，小梅沙社区由深圳的市属国企开发，东海岸社区则由中央企业开发。

大梅沙海滨公园始建于1999年，2018年超强台风“山竹”肆虐后重建。公园建设之初即作为深圳市委、市政府年度为民办10件实事之一，建成后免费向公众开放。目前，整个大梅沙旅游度假区包括18万平方米沙滩、1.3万平方米太阳广场、4000平方米月亮广场以及其他旅游服务设施。2010年底开业的大梅沙8号仓奥特莱斯，作为华南首个世界级滨海名品折扣购物广场，拉动大梅沙商圈，联动广深莞惠，为广大游客提供了全新的消费体验，已然成为大众化旅游、休闲、购物一站式度假新地标。

小梅沙海滩对标世界高端滨海旅游度假区，处于整体蝶变升级的关键期。2019年，小梅沙改造工程正式启动，作为深圳市首个旅游业态城市更新项目，集山海、时尚、活力于一体，统筹规划面积390万平方米，坐拥89万平方米小梅沙新城、37公顷黄金海域和38公顷郊野森林，总投资近200亿元，拟于2025年全面建成。2024年“五一”期间试营业，反响热烈。从新近落成的美高梅酒店望出去，前有碧波荡漾的大鹏湾，后有绿意葱茏的小梅沙生态公园。这个生态公园历史悠久，曾是小梅沙村的后山，是村风水林（龙座林）所在地，迄今已逾400年。风水林的植物群落保护十分完好，物种多样，古树资源丰富，已成为珠三角及华南地区珍贵的森林遗产。

不同于临海的大小梅沙，东海岸社区全是山地。坐落在峰峦沟壑中的东部华侨城，堪称主题公园的现象级存在。想当年，华侨城集团斥资35亿元，在这片近900万平方米的山体上，精心打造了国内首个集休闲度假、观光旅游、户外运动、科普教育、生态探险等于一体的大型综合性国家生态旅游示范区，成为珠三角旅游名片，享誉20年。据悉，华侨城集团已启动150亿元追加投资，用于东部华侨城升级改造，拟聚焦生态、康养、文化、体育四大产业，创建粤港澳大湾区生态旅游度假标杆。

上述三个片区各有特色，构成了梅沙新一轮发展的主要载体。硬件建设持续升级换代，海陆空一体化的旅游新业态不断拓展，夜间经济、婚庆经济、低空经济、水上运动等蓬勃涌现。以文旅产业为支柱的发展模式，吸引海内外游客纷至沓来，促进了梅沙的国际化建设。东海岸社区是深圳国际化社区建设首批试点的八个社区之一，梅沙街道先后被评为深圳市首批国际化街区、深圳市首批国际人才街区。一片山海之地，成了国际学术交流碰撞之地，多年来承接了系列国际会议及相关交流活动。这里还是国际山海赛事集聚地，音乐节、国标舞、摩托艇、公路自行车等多个国际知名特色赛事相继举行，激发出梅沙独特的山海禀赋。与此相应，梅沙高标准为中外人士提供最佳服务体验，连续获评“全国文明单位”，荣获“深圳市最幸福街道”称号。

（四）

从梅沙街道的国际视野，再次想到前几天的大鹏湾之旅。整个旅程中，山海大观扑面而来，同事们冒着三伏骄阳，在闸板上流连，不忍辜负一湾好景。返航时，我们在船舱里观看了海监船执行任务的纪录片——中国海监巡航编队在休渔期巡航中发现一艘越南渔船驶入中国海域偷捕，无视我方多次喊话警告，拒不停船接受检查。对峙中，海监船打开高压水炮，持续喷射的高压水柱使越南渔船设备受损，被迫停了下来，执法人员从船上搜出大量偷捕的海产品。高压水炮的巨大威力及其呈现出来的力量美感，让人印象深刻。

我们此次乘坐的海监船，正式名称为“中国渔政44002”，是目前中国最大的地方执法公务船。作为深圳市落实国家海洋强国战略，推进全球海洋中心城市建设的重点项目，船上配置了2台世界最先进的MTU 8200kW主机，支持柴—电供能自动转换，实现双机/双桨/双舵推进，同时设有首侧推装置和直升机悬停平台。最大持续航速超过25节，续航力6000海里，自持力60昼夜。该船还拥有新一代导航雷达、卫星通信、光电取证、遥控水炮、无人机等先进科技设备，配备情报指挥、智能机舱、智能航行等先进信息化系统。

海监船被视为现代海上城管，这样一艘高配置的海监船入列，无疑大大增强了深圳的海域监督执法能力，有助于更好维护海洋生态环境，促进海洋经济发展，加快全球海洋中心城市建设进程。同时，可以充当中国南部海疆的巡航者，为维护国家海洋权益、守护南海平安作出贡献。

沙头：深圳河与深圳湾交汇处

岭南地区含“沙”的地名很多，有名者如香港尖沙咀、广州南沙和深圳沙头角。不过，本文所要讲述的，却不是上面这几个“沙”，而是另一个叫“沙头”的地方。沙头的知名度，当然比不上堪称“维港地标”的尖沙咀，比不上因中英街而有着特殊历史渊源的沙头角，也比不上因设立粤港澳全面合作示范区而声名鹊起的南沙，但它同样是一个有故事的地方。

（一）

梧桐山是深圳第一高峰，东南麓有一条小河，名叫沙头角河，西南麓有一条大一些的河，名叫深圳河。两条河流及其分水岭，构成了昔日大清国与港英租借地的边界，即今天深港双城的分界。沙头角河注入大鹏湾，入海口有沙头角街道。深圳河注入深圳湾，入海口则有沙头街道。

若把沙头、沙头角与香港尖沙咀连成一个倒三角形，中心耸立着香港第一高峰大帽山，与梧桐山遥遥相对，两山相连即当年新安县的地理中轴。此形此势，犹如一只庞然大锚，让人浮想联翩：粤港澳大湾区这艘承载着中华民族伟大复兴的中国梦的巨轮，以深圳、香港等中心城市为引擎，正从海天之间起锚远航！

一个偶然的机会，我结识了沙头下沙实业股份有限公司总经理黄基昌。攀谈之间，沙头的历史变迁及其与香港的特殊关系，引起了我的极大兴趣。自此，我与这片水土结缘，先后去下沙和上沙走访，参观村史博物馆，体验旧城改造项目，感受本土特色，并与两村掌门人黄杰文董事长、黄新权董事长深入交流，开启了我的沙头文化之旅。后来，又数次前往沙头街道，或参观，或游览，或聚餐，或购物，或随意溜达。熙熙攘攘的人流车流，形形色色的餐饮小吃，密密麻麻的“握手楼”，盘根错节的老榕树，热烈绽放的木棉花，还有红树林里自得其乐的招潮蟹和弹涂鱼，构成一幅生动鲜活的南国风情画，始终在脑子里盘桓。

沙头街道位于福田区西南部，濒临深圳湾。西起海园一路，东至新洲路，北及深南大道，南临深圳河。放眼望去，绿荫丛中，高楼林立，寸土寸金。很难想象，40多年前这里还是一片临海滩涂，分布着一些半渔半农的围村，自西而东有下沙村、上沙村、沙嘴村、沙尾村、新洲村、石厦村，同属沙头乡。1983年，沙头街道在沙头乡基础上挂牌成立，辖六个村及附近城区。1992年，沙头六村相继改制为实业股份有限公司。虽然石厦村2009年被划入新设立的福保街道，但由于共同的历史文化渊源，这六个传统村落在有关研究及论述中仍被视为一个整体，统称沙头片区。最近的例子是2021年沙头街道办事处编印《沙头之根》增订版，仍把石厦村包括在内，取“传承千年脉，守护围村源”之意。

（二）

据记载，沙头片区是深圳河沿岸最早形成村落的地方之一，距今已逾800年。南宋中晚期，黄氏族人先后迁居上沙村、下沙村开枝散叶，渐成气候。明朝中前期又有莫氏定居沙尾村，欧氏定居沙嘴村，赵氏定居石厦村，简氏定居新洲村。一方水土养一方人，这些村落既可以凭借珠江入海口东岸广阔的丘陵河谷地带从事农业生产，又可以通过深圳河和深圳湾直达浩瀚的伶仃洋水域从事渔业捕捞和蚝业养殖。在他们千百年来沉淀的风俗传统和文化基因中，不乏农耕文明和海洋文明交融的影子。大浪淘沙，勇立潮头，文武兼修，世代相传。深圳历史上第一位进士黄石、三洲田庚子首义的直接指挥者黄耀庭，都出自下沙黄氏。下沙村有一座始建于明朝晚期的侯王庙，廊柱上气势磅礴的楹联颇能反映这种精神气质：

恩涵西海波光远

威镇南山地势尊

沙头六村的名称，各有来历。下沙村与上沙村同处深圳河入海口，昔因白沙遍布而名沙头，下沙在下游，上沙在上游。上沙村原名“椰树下”，源于一个古老的传说。相传南宋中叶，始祖黄金堂率族人来这里开基立业，当时周围还是一片茫茫荒野，从海上漂来一棵椰子树抵岸扎根生长。南宋时期椰子树在广东地区并不多见，因而成为当地的一个显著标志，与每天耕作捕捞归来的村民相依相伴。“椰树下”作为村名沿用了数百年，直到清康熙年间编修《新安县志》时，才与下沙头村相对应，改名为上沙头村，简称上沙村。下沙头村即下沙村，是始祖黄默堂率另一支黄氏族人创建的，建村时间比上沙村稍晚，得名反而比上沙村早一些。

沙嘴村建于元朝末年，始祖欧观成率家人来到深圳河北岸一个名叫“洲鼎”的小丘上，结草为庐，扎排下海，以晒盐、捕鱼为生。后来随家族繁衍逐渐向内陆发展，形成村落。沙嘴亦名沙咀，在今天该村主干道沙嘴路上还矗立着一幢高层建筑，赫然写着“沙咀大厦”四个大字。“嘴”和“咀”区别何在？据构词法，“觜”是会意，“且”是象形，“嘴”应指兽类动物的口部，“咀”则指鸟类动物的尖喙。如此说来，依地形地势判断，虽然现在大多写作“沙嘴”，但也许“沙咀”才是正解。

沙尾村的得名，颇有几分浪漫色彩。早年，在深圳河下游，潮水冲刷形成了一片高出地面三四米的大沙埔。从高处俯瞰，十里沙浦犹如一条巨龙，龙头有沙埔头村（现属福田区南园街道），龙尾有沙尾村。沙尾村由莫氏始祖碧州公于明洪武年间开创，筚路蓝缕，农渔兼业，家族人口一度发展至4000多人，俨然一个人丁兴旺、商业发达的墟市。清朝初年受禁海令和迁界令影响，村落一片荒芜，后复界招垦，莫氏重返沙尾，二次创业。数百年后，沙尾再度复兴，成为一个以莫氏为主体的多姓氏村，主要姓氏多达12个。

石厦也是一个多姓村，赵氏始祖文旭公于明朝初年迁入时，周边渔民已建成一个小小村落，习称“旧围”。随后又有其他姓氏陆续迁入，明洪武年间即已形成“石厦八大姓氏”雏形。当地原本是一处临海低丘，人称“打锡岭”，地势稍高而干爽。低丘脚下还有一处天然形成的大岩石，可遮风避雨，成为过往村民歇脚之地，石厦（即“石下”）之名由此而来。

新洲村在沙头六村中建村较晚，原籍村民均姓简，始祖简南溪于明朝中叶从东莞迁入。新洲之名，一说缘于地形地势，此处东有山岭，南面近海，退海成洲，遂名新洲；一说新洲立村时，被先期建立的沙嘴、沙尾、石厦三村围绕，形似小洲而得名。

漫步在新旧融会的街头巷尾，听着周围市井的声音，看着摩天大楼上“推窗百米见海，下楼步步生活”的广告语，想着沙头六村的历史传承，仿佛置身于一片绵延千年的烟火人间，沧桑感扑面而来。赋诗一首，以寄意：

悠悠圳水向天涯　流到深湾问客家
何故红林覆旧浪　几时白鹭戏新虾
原知沙嘴连沙尾　却道上沙通下沙
举目三千楼宇外　嫣然一片木棉花

（三）

如今，沙头街道由5个城中村和7个城市社区组成。城中村作为当年村民聚居之地，迄今仍然是深圳人口密度最大、传统民俗文化最集中的地区。在福田区10个街道中，沙头一直是人口最多的街道之一，常住人口近28万。其中3/4居住在5个城中村，1/4散布在7个城市社区。这些城市社区是深圳这座“奇迹之城”最直接的体现者，当年多是村民的耕地、基围和滩涂，经过40多年建设，商厦、酒店、写字楼密布，产业聚集，人口密度却不是很大。

在与沙头街道的一次次近距离接触中，不时被一些具有特定内涵的词汇吸引。这些词汇讲述沙头故事，也讲述深圳故事、中国故事。它们是历史大潮中一朵朵浪花，演绎了时代精神的南国特色，丰富着中华五千年文脉。

最常听到的词汇是“原居民”。沙头的原居民，或者说深圳的原居民，其实都是不同年代中原移民的后代。这有点类似所谓土生土长的香港人，也是不同年代内地移民的后裔。今天的福田区虽然不是深圳最初开发的地区，但已然成为当下人口最稠密的中心城区，而沙头街道一带正是福田最早出现人烟的地方。

据有关文献记载，深圳历史上经历了六次大移民：一是秦50万大军没于岭南，二是两汉400年间因各种原因陆续移民，三是晋“五胡乱华”时期中原士族大量南迁，四是南宋末年追随各路抗元部队南逃避难，五是清废除迁界令后实行招垦政策吸引客家人，六是20世纪70年代末改革开放以来上千万新移民。

深圳原居民群体，正是由前五次移民的后代构成的。第六次移民的规模最庞大，形成目前深圳人口的主体。鉴于深圳人口构成的特点，坊间也有把前五次移民后裔称作“宝安原居民”的，而把第六次移民称作“经济特区原居民”。此外，2019年粤港澳大湾区发展规划出台时在深圳工作生活的外地人，则被称作“大湾区原居民”。当我在下沙村展览馆里看到黄氏峭山公题写的遗训诗，对深圳移民与原居民的关系有了更深切的感悟：

骏马堂堂出异方　任从随处立纲常
年深外境犹吾境　日久他乡即故乡
朝夕莫忘亲命语　晨昏须念祖宗香
唯愿苍天垂庇佑　三七男儿总炽昌

（四）

每次到沙头街道走访，不论与官员座谈还是与市民聊天，他们都会津津乐道一个词语——民俗。“民俗”往往是本土文化的代名词，似乎只有这个词，能让沙头居民感受到他们才是深圳的根脉所在。沙头街道办事处将其编印的文史读物以《沙头之根》命名，是不是也蕴含“沙头是深圳之根”的寓意呢？沙头民俗众多，大致可以分为两类：

一是婚丧祭祖习俗。下沙村黄氏春秋祭祖典礼，以“敦亲睦族，弘扬祖德”为宗旨，形成了一整套仪式，2011年入选国家级非物质文化遗产保护名录。上沙村黄氏则以独特的婚礼习俗闻名，把中原的“坐花轿”与岭南的“哭嫁”交融在一起，形成别具一格的上阁、下阁与挂红仪式，深情缠绵的辞亲歌与挂红歌表达了新娘对娘家人的恋恋不舍之情。沙尾村点灯礼发轫于明洪武年间，将认祖归宗的追思情怀与元宵佳节的喜庆气氛巧妙结合，张灯结彩为表，不忘故土为魂，在对人类生息繁衍的崇拜敬畏中怀着对未来的希冀，辞旧迎新，步入新的一年。

二是宗教与教化习俗。沙嘴村旧时以渔业为主，村民世代信奉南海神洪圣公。洪圣庙几经修葺，蔚为壮观。洪圣公祭奠活动日渐成熟，逐步形成规范仪式。新洲村拥有尊德重教的传统，在孝悌、忠厚等祖训熏陶下，建祠堂不忘修学堂，一代代人才自此走出。另有下沙的侯王庙、上沙的天后宫、石厦的杨侯宫和碉楼，以及各村所建宗祠，设计精美的古建筑无声地坐落在这片土地的岁月里，斑驳的苔痕，解读着沧桑沙头的历史密码。此外，下沙舞龙素有“广东第一长龙”之称，该村2002年春节举办的大盆菜宴曾创下大世界基尼斯之最的纪录。

新洲村里有棵600多岁的古榕树，枝繁叶茂，亭亭如盖，树高达五层楼，七八人方可环抱，在繁华城区形成一道独特的风景线。那苍老而遒劲的枝干，有力地伸向四周，像一位饱经岁月洗礼的老人张开双臂，向人们讲述这片土地的故事，展示这片土地的神韵。古榕树已被列入国家一级古树，被誉为“深圳第一树”。村民亲切地称之为“福德先生”，满怀崇敬。它无疑是沙头的自然地标，亦是文化地标。

（五）

如果说“原居民”和“民俗”是沙头最有标识性的词语，另有一些与现代社会变迁和城市发展相联系的词语，诸如深漂、旧改等，也像散落在时代大潮中的文化标本，从不同侧面模铸着沙头的形象。

数以百万计的“深漂”南下淘金，城中村往往是他们的第一站。城中村虽然拥挤，但基础设施齐全，从学校、医院、通信网络，到小吃、理发、服装零售，可以满足生活的全部需求。深圳是一座腾飞速度让全世界为之惊叹的城市，这座城市的每一步发展都离不开广大深漂人的付出。一方面，他们把青春和热情献给深圳，为城市建设添砖加瓦；另一方面，深圳给他们带来的，有可遇不可求的机会，有紧张工作的压力，也有生活的琐碎。城中村与深漂共同成长，是这座南国新城的独特风景。

“旧改”是旧城改造的简称，最直观地体现了传统与现代的变奏。昔日围村通过旧改实现了传统村落的蝶变，同时为深圳奇迹作出了不可取代的贡献：腾出世代生息的土地为新城建设提供足够空间，并创造大量就业岗位接纳外来务工人员。旧改前后的围村完全是天壤之别的两个世界，从街区面貌到生产生活方式，乃至人们的思维逻辑，都实现了脱胎换骨的转变。旧改带来的多重积极效应是显而易见的，但收取租金成为村集体和大多数村民的主要收入来源，也引发一些微词。迄至2022年底，沙头街道5个股份有限公司总资产已达26.45亿元，但营业收入的主体仍是物业租金，占比76%。这样一种收入结构，显然不利于创新产业的发展，也不利于村民进取精神的培育。

位于上沙村的“中洲湾C Future City”超大型综合体，是沙头街道标志性旧改项目。该项目力求在文化传承与城市发展的多元需求之间，将有品质的公共空间与有历史记忆的古村落有机融合在一起，打造一座纵向串联过去与未来，横向覆盖科技、艺术与自然，兼具工作、生活与休闲娱乐功能的全新城市空间。那天下午，我穿行在这座未来之城里，一路经过涂鸦艺术家的创作现场，做旧如旧的砖墙围屋，各种创意空间营造出来的小确幸氛围，由数字技术与花草植物联合构建的巨大玻璃幕墙系统……这一切与旁边的村落建筑完美融合起来，仿佛一场超越时空的无声对话。

旧改工程最形象的展示，是下沙村文化广场的三叠建筑群。由近而远，第一叠是以侯王庙和黄氏宗祠为代表的古代建筑，第二叠是村民自建的小楼，第三叠是新开发的摩天大楼。望着眼前新旧依存、高低错落的楼群，不由想起2018年10月24日习近平总书记在广州考察荔湾区西关历史文化街区永庆坊时对城市规划建设的指示，他强调城市文明传承和根脉延续十分重要，传统和现代要融合发展，让城市留下记忆，让人们记住乡愁。

（六）

除了上述各词，还有一个与沙头密切相关的词汇，它存在的时间应该是最悠久的，却长期默默无闻，近来又机缘巧合成为媒体上最热的热词，那就是“红树林”。

沙头街道紧邻的深圳河入海口，是一片生态宝地，咸淡水融汇，滩涂面积大，适合红树林生长，也适合鱼虾生长。辖区内有福田红树林自然保护区，是国内唯一位于城市中心区的国家级自然保护区。2022年11月5日，习近平主席向《湿地公约》第14届缔约方大会致辞，提出在深圳建设“国际红树林中心”，获大会认可。次年9月，《湿地公约》常委会第62次会议审议通过相关议案，全球第一个国际红树林中心正式落户深圳。对岸是香港米埔湿地公园，早在1995年即被《拉姆萨尔公约》列入国际重要湿地。两者共同构成的湿地生态系统，是东半球最为重要的候鸟迁徙中转站之一。

近年来，随着生态环境持续改善，滩涂上小鱼、小虾、小虫子增多，成了鸟类丰富的食物来源。鸟群白天在福田红树林中觅食嬉戏，晚上回到米埔湿地休整生息。对鸟类来说，深圳同香港的关系，不过是一边餐厅，一边卧室，深圳河则是一道盎然疏放的生态门廊。南头古城有一个体验式展览，通过三维动画片的形式，形象地展示了深圳河沿岸的风物，最后归结为这样一句话：深圳河是多么小的一条河啊，鸟儿可以飞过，鱼儿可以游过，树枝树根也可以自由地来回伸展，只有人需要签证。

深港双城故事，是个常说常新的话题。随着深圳先行示范区建设的推进和香港北部都会区计划的提出，深港合作进入全新阶段。河套深港科技创新合作区和口岸经济带开发方兴未艾，沙头街道正处于这个片区，未来发展充满了想象空间。沙头各村的村头都立有石牌坊，上书楹联，以村名作藏头，表达美好祝愿，仔细读来，回味无穷。在此不一一罗列，只借沙嘴村的楹联为本文作结。这固然是全体沙嘴人的期许，又何尝不是全体深圳人的期许，全国人民的期许呢——

沙聚金山红林醉年年乐业

嘴吟心曲绿水欢代代安居

登良路：文脉与烟火气

一条小街，连着两头，一头是南园古村，一头是人才公园。仿佛一条悠远的文脉，把南头半岛的历史与现实串联起来。在这条文脉的搏动中，你可以从南园古村的解元祠体会国学传统，从历尽沧桑的南园小学感受西风东渐，从深圳湾畔的人才公园畅想无限未来。而透过这条文脉，又分明看见一片烟火人间。

（一）

深圳被称作“一夜城”，城市发展的速度和规模在当今世界绝无仅有。新的道路、街区、园林层出不穷，命名方式各异，但以人名命名的比较少见。机缘巧合，我竟在住地附近发现了一条以人名命名的街道——登良路。

一开始，我并没有意识到这是一条以人名命名的街道，以为“登良”

可能只是为了取一个好意头，类似“步步登高”“前程似锦”之类。后来，在南头古城仿建的新安县衙里看到一块展板，上面介绍说，南园村人吴登良出身贫寒，幼时父母双亡，远赴荷兰做中餐馆学徒，积攒了一点本钱后，自己开餐馆。20世纪20年代初，吴登良拿出一生积蓄回家乡办教育，开办了当时宝安县唯一的洋房小学“南园小学”。除了修建校舍外，吴登良还在村边买了10亩地，作为学校的操场。南园村人为了纪念他，在村里立了登良碑，记载其捐资建学之事，并将操场前的马路命名为登良路。

如今的登良路全长3500米，大致呈东西走向，西起南园村，东至深圳人才公园。它横穿南头半岛东半部，主要路段属登良社区管辖。南园小学操场一带，已辟为居住小区，名“登良花园”。登良路上设有地铁站，与道路同名，称“登良站”。该站是深圳地铁2号线的车站，因邻近深圳人才公园及“蔚蓝海岸”等大型住宅区而显得十分繁忙。而登良路的得名，还有另一种说法：深圳建立经济特区后南头半岛经过了大扩建，有关方面在修建这条街道时发现了登良碑，认为意义不凡，便以碑命名。

不管登良路实际上是怎样得名的，有一点可以肯定：即便南园小学操场前的马路当时真叫登良路，也一定与今天的道路格局大相径庭。这引起了我的极大兴趣，心想里边一定有故事。于是，发短信给一个在深圳市规自局工作的朋友，向他了解登良路及其他以人名命名街道的情况。朋友回复说：“登良路应该是之前有个叫吴登良的华侨做了不少好事，所以用他的名字命名。另外，坂田那边还有几条用科学家的名字命名的街道，可能与华为有关。其他地方按照国家的新规定，除以前已经命名过的老地名，都不能再用人名来命名了。”看来，在深圳街道命名系统中，登良路的确有些独特。

登良路本身并不宽，也不直，显得很不起眼。但这条东西向的小街，与数条南北向主干道垂直相交，便显出非凡的气势来。南山区是深圳市第一经济强区，这些南北向的主干道如一条条动脉血管，流淌着城市的活力。自西向东，依次有南新路、南山大道、南光路、南海大道、后海大道、后海滨路、南山中心路、科苑南路等，每一条都颇有来历。

西端的南新路，从南头古城正南门向南延伸，隐约构成南头半岛中轴线。当年新安县以南头为县治，古城坐东朝西，前后皆临海，分别称前海和后海，北靠绵延起伏的山峦，南向一片开阔地。沿南新路，分布着向南村、南园村、南山村等古村落，留下了近千年市井生活的痕迹，宛然深圳城市的后院。村与村交界处，有一些“插花”式建筑，一部分属于甲村，一部分属于乙村。村子里的街巷，由于数百年变迁特别是近三四十年来的搭建，显得狭窄而凌乱，不过仔细分辨仍能看出当初的脉络。

东端的科苑南路，始于深圳市高新技术产业园，沿深圳湾蜿蜒向南，在一幢幢特色鲜明的高楼大厦间穿梭。沿街有腾讯、阿里巴巴等超级互联网企业入驻，深圳湾总部基地、深圳湾体育中心、深圳湾文化广场、深圳人才公园等现代化配套设施相连成廊，显示着经济特区的形象、活力和发展方向，被誉为深圳的城市会客厅。有“春笋塔”之称的华润集团总部，流线型建筑直插云天，被不少摄影爱好者当作深圳的地标式建筑，置于城市风光图片的C位。高耸的春笋塔下，登良路与科苑南路交会处，还是一片火热的建设景象。要不了多久，一个以总部经济为龙头，集科创、文创、金融、购物等为一体的新型都市文化区，将从这里破茧而出。

登良路居中连接两头，仿佛过去与未来之间的一条通道，让人产生无尽遐想。于深圳这座奇迹之城而言，这究竟是怎样的一种贯通？它从何而来，价值何在，通向何方？为了破解这些疑问，我想办法查阅有关档案资料，但所获并不多。一是由于信息比较零散，二是有关记载偏重政权更迭和社会变迁，很少从世态演变、文化传承上着墨。我只好一趟趟漫步在登良路上，从新旧杂存的建筑、树木、道路、街区中去感受和领悟。

（二）

走访南园古村，本是为了寻访与吴登良有关的人和事，重点是南园小学和登良碑。遗憾的是，登良碑已不见踪迹，南园小学也已废弃，成了一处待改造的危房。好在村里还有不少老物件，古树古巷古建筑随处可见，特别是解元祠里对南山社学的介绍，让我对当地文化的源远流长印象深刻。无心插柳，不枉此行。

出发之前，我做了一点功课，了解南园村的历史。南园村位于大南山北麓，是深港地区最古老的村落之一，始建于南宋孝宗年间，距今已有800多年。现保存老屋数十间及祠堂、当铺、碉楼、围墙等历史遗迹，属于比较典型的广府围村。原居民以吴姓为主，所以又名吴屋村。吴氏历来重视读书，宋、明、清三代在朝为官或考取功名者达100余人。深港地区唯一有据可考的解元、万历版《新安县志》主要修纂者吴国光，亦出自该村。

来到南园村口，迎面是一座巨大的石牌坊，上书一联：一代英杰壮志豪情创大业，万世子孙重彩浓墨写春秋。平仄对仗并不很工整，但言简意赅，词达意顺。并且，这副对联跳出大多数城中村以村名作藏头联的通常做法，避免了凑字的牵强，寓意清晰明了，从祖先的筚路蓝缕到子孙的继往开来，生动地传达出岭南人闯荡江湖的气魄和精神。

石牌坊坐西朝东，顺南新路而建，面向登良路。进入牌坊后，是一条数十米宽的水泥路，两旁不对称地排列着一些贴着或红或白瓷片的民居，底层开着各式各样的店铺，一看就是近十几二十年来新建的。沿水泥路往里走，路面很快就收窄成了一条条两三米宽的小街小巷，纵横交错。主要街道有三条，均呈南北向，依次为东街、正街、西街，大多数老屋和古建筑分布在这三条街道两旁。正街居中，是吴氏宗祠和村广场所在地，东街和西街一右一左护卫着正街。

可以看出，当年村子的朝向和布局与今天是完全不同的。由此联想到，若干年前，南头半岛上以南园村居中，北面是向南村，主体姓氏为郑姓；南面是南山村，主体姓氏为陈姓；加上吴姓的南园村，以及一些杂然其间的小村落，如北头村。村村相连，鸡犬之声相闻，儿女姻亲互通，半渔半农，古意盎然……

南园村与北头村交界处，应是当年南园村的村头，有几株树龄上百年的古榕树。最古老的一棵栽种于公元1400年左右，有“深圳树王”之称。古榕树苍老而遒劲的枝干，坚定地伸向四周，像一把大伞为古村遮风挡雨；亦像一位饱经岁月洗礼的老人张开有力的臂膀，向人们讲述这片土地的故事。大榕树下是两村的界墙，如今只剩下一米多长的断壁残垣，被榕树蓬勃的虬根紧紧锁住。这一米残墙得以保留，当有老榕树的护墙之功，因为拆墙就要破坏榕树的根系。墙上隐约可见一道小门，应是当年两村之间的通道，现在只有门框的轮廓，门洞完全被封死了，与苍苔斑驳的古墙融为一体，宛然几百年前村民生活的文物化石。

农人荷锄晚归，渔人收网泊船，小孩子追逐打闹其间，这样的场景想来就令人陶醉。不过，乡居生活除了温情脉脉，矛盾和冲突也不少。据说，南园、南山、向南三大村之间以前常有械斗发生，“吴陈郑，打死人唔晒（不用）偿命”的民谚流传于南头半岛上。南园村现存两座碉楼，以及至今还享受香火供奉的镇国将军祠，仿佛是当年村民械斗的一个注脚。镇国将军祠位于西街，始建于1870年代，现存建筑为20世纪90年代重修。祠堂供奉“镇国将军”吴应雷，乃广东增城人氏。南园吴氏建村之初，曾遭受四邻诸姓排挤。在一场大械斗中，村里派人去增城求援，吴应雷及时率领人马赶来，让吴氏站稳了脚跟，在这片土地上开枝散叶。

吴氏宗祠位于正街，三开间，三进深，是一座带牌坊的彩绘建筑。透过大门，可见正厅悬挂的“德馨堂”堂号。祠堂始建于元代，后历经重修，保存完好。内有南园吴氏迁徙记载：南宋孝宗年间，原居增城古滩的翰林院士吴洪渊，四方游历讲学来到南头半岛。他登上南山，见山脚下土地广袤肥沃，四周碧波荡漾，感觉是一片难得的风水宝地，决定在此建屋定居。吴洪渊遂为南园开基始祖。

在吴氏宗祠大门外，有一个占地约8000平方米的广场，是南园村民的活动中心。深圳上千个城中村，村村都有一片或大或小的广场。南园村广场让我感兴趣的，是周边密布的食肆茶馆。其中，方圆几十米距离内，竟有三家川渝菜馆。这在广府文化流行的地区，显得有些突兀。我下意识地看了看旁边精致的吴氏宗祠，与这几家装修简陋的地方菜馆却毫无违和感。把它们串联起来的，大约是绵延上千年的移民文化吧。

随行的小伙子告诉我，这里前不久刚举办过千人盆菜宴。参加盆菜宴的吴姓老村民已经不多了，来的都是操着南腔北调的租客，以四川、重庆、江西人为主。如今整个南园村的户籍人口只有180余人，而非户籍人口多达3.5万人。

（三）

南园吴氏，为新安置县及新安文化的传承，作出了重要贡献。其中，最浓墨重彩的篇章，是吴祚的陈情和吴国光的修志。

明隆庆六年（1572年），广东提刑按察司副使刘稳巡行视察民情至东莞县南头镇。当时，倭寇侵扰频仍，东莞治所却在百里之外，每遇寇事，衙门鞭长莫及，百姓不堪其苦。得知刘稳巡行，众人推举德高望重的长者向刘稳陈情，希望设立新县。这位长者便是南园村人吴祚，他动之以情，晓之以理，含泪向刘稳诉说了百姓的疾苦及图求保全的心愿。刘稳深以为然，上奏陈述要害，恰与明王朝经略南海的雄心不谋而合。最终，功夫不负苦心人，朝廷析东莞县南部滨海地带及沿海岛屿另置一县，取“革故鼎新，去危为安”之意命名新安，辖今深圳、香港两地，治所设于南头。

新安县正式设立于明万历元年（1573年），数年后（1579年），南园村人吴国光荣登乡试榜首，成为深港历史上第一位有据可考的解元。吴国光始任广西永福县教谕，后升任广西兴安县令，转任浙江乐清县令。告老还乡后，受时任新安县令丘体乾之聘，主持纂修首部《新安县志》，并参与筹建汪刘二公祠（纪念在1521年屯门海战中英勇抗击葡萄牙入侵的广东海道副使汪鋐及在创建新安县过程中厥功至伟的广东提刑按察司副使刘稳），撰写《海道刘公祠租记》。万历版《新安县志》现已不存，但以此为基础编修的康熙版及嘉庆版县志，成为今天了解深港历史的重要史籍；

《海道刘公祠租记》则是研究新安建县的重要历史文献。

解元祠位于南园村东街，砖木石结构，坐西朝东，正是为纪念吴国光而建。这是一座三开两进的小院建筑，始建于明末，清代和民国时期多次重修。正厅有供龛而无供像，龛旁石柱上悬一联“世本无先觉之验，人贵有自知之明”，字体古朴苍劲，耐人寻味。堂前廊庑环绕，陈列明清科考制度及新安办学情况介绍，有展板，有泥塑，还有私塾实景布置。展板上除了老照片和文字说明，一张张手绘示意图尤为传神。印象深刻的是一幅《科举考试分级取士图》，以叠屋形式展现了古代士子的功名之路，仿佛拾级而上，让人一目了然。

南头地区兴学重教传统深厚，最早见于史料的教学形式是社学，有“社会办学”之意。嘉靖四十五年（1566年），抗倭名将、南头水寨创始人汤克宽与东莞知县舒应龙，在今南头古城南面创建了第一所社学——梯云社学。十年后，从这所社学里走出南头地区第一位进士陈果；又三年，解元吴国光亦出于此。新安县建立后，兴办社学之风更盛，相继有登云社学、固戍社学、青云社学、碧溪社学、梧山社学等。

与此同时，由政府直接举办和管辖的县学也出现了。新安建县当年，衙署还借用东莞守御千户所办公，便把修建学宫作为建县重要标志，由知县亲自督建，并于次年完工。清代新安县学继续发展，先后有宝安书院、文冈书院、凤冈书院等，闻名遐迩。

明清时期，南头地区的古代教育达到鼎盛。新安虽是边陲小县，但“广励学官，兴贤育才，一时辍魁南宫，联袂不绝。邑之学校，渐冠岭南矣”。一座南国边城，“地钟山海秀气，蔚然与邹鲁同风”。这不但体现在各种社学、县学的兴起，更体现在数以百计的进士、举人及其他功名人物不断涌现。他们所代表的，不仅是一个个家族曾经拥有的辉煌历史，更是中国传统文化赓续不绝的生命力。

南园村之行，毕竟是奔着南园小学去的。尽管甫一到就得知南园小学已被废弃多年，我还是专程去了小学旧址。一则缅怀，一则找寻当年办学的蛛丝马迹。

南园小学旧址位于南园村西街，教学楼原为一座三层西式建筑。据载，南园小学的前身是私塾“同源书室”，1921年在吴登良赞助下开办新学，1929年改建为“南园小学”。现存四层小楼是后来改建的，在三楼窗台下隐约可见“南园小学”校标脱落后留下的痕迹。左右两边和背后都是村民自建房，楼层无不高过小楼，可谓密不透风。小楼对面，有一个民国风格的六边形小亭子，砖石结构，立柱镂空，檐有雕花，顶有泥塑，显得十分精致，但周边停满了摩托车和电动自行车。这估计是当年学校花园的一部分，怕是南园小学唯一的建筑遗迹了。南园小学是1972年迁建于北头村东街的，并改名为南山小学。如今，南山小学已发展成为深圳市一级学校，获得过“全国优秀信息化学校”“21世纪艺术教育先锋基地”等荣誉称号。

（四）

告别南园村，再次步入登良路。路上的繁忙景象，一时让人难以适应。与深圳大多数街道一样，登良路上照例也是一片车水马龙。或许对这种繁忙有了审美疲劳，我的目光离开飞驰而过的各种车辆，被街道两旁密布的各式餐馆、中医诊所、理疗店所吸引。加上路沿上摆放着一排排或黄或绿的共享单车，整个街道充满了烟火气。

信步走进一家招牌为“陈记三及第”的客家小吃店，店里食客不多，进门就看见一对操北方口音的老年夫妻，显然是常客。他们大声地品评着面前的吃食，说这三及第汤和腌面的味道，家里怎么都做不出来。受他们情绪感染，我也点了一碗三及第汤和一盘腌面。三及第汤在客家小吃中制作算是简单的，主要食材只有猪颈肉、猪润（猪肝）、粉肠三样，加些许枸杞叶，配上咸菜、酒糟、白胡椒等调料。关键是食材必须新鲜，火候也要把握得当，才能做出清香、淡雅、鲜甜的口味。腌面则是一种拌面，用生面煮熟，控干水分，以猪油、炸蒜、食盐搅拌均匀，加上肉末，撒上葱花，香味便扑鼻而来，入口嚼劲十足。

想必，像“陈记三及第”这样的店名，在城市的街边小吃店里是很常见的吧。尤其是在一些历史比较悠久的城市，比如在北京可能叫“×记炒肝”，成都可能叫“×记抄手”，杭州可能叫“×记定胜糕”，香港可能叫“×记鱼蛋粉”……只是在深圳这座以快节奏著称的新城市里，你能在某个不经意的时刻，从容地坐在一把简易木板椅上，边惬意地吃着某种也许存在了上千年的食品，边悠闲地看着流动的街景，多少会觉得有些不真实。简单的食材，亲和的环境，来来往往的人流，在周边形成一种随意的气氛，让人特别放松，心思便天马行空了。千百年来，人生如逆旅，北上南下，因时因地，演绎着城市的兴衰和世事的无常。

在通常印象中，深圳不是一个宜居的城市。这里的“国计”很强大，“民生”则显得羸弱。大家只关注搞钱，对生活品位不感兴趣。尤其像福田、南山这些GDP大户，触目尽是体现时代精神和国家形象的地标式建筑，高大上的感觉无处不在，市民的生存空间仿佛都局限在赫然而立的办公楼和社区公寓里，并不在街巷和社区。其实不然，市井生活无处不在，只是我们平常缺乏闲适的心态，没有留意罢了。

走出小店，回头看见绿底黄字的“陈记三及第”招牌沐浴在初升的阳光中，很醒目，也很亲切。小店以本家姓氏冠名，让人不由生出几分回家的感觉，口占一绝记之：

惊天大邑起南方　五岳三山走异乡
万里乡愁何处解　街头一碗客家汤

小吃店往东行，不远处便是地铁登良站。地铁站位于登良路与后海滨路交会处，对面是一个新近布置过的市民公园，属于后海滨公园绿化带的一部分。公园面积不大，但树荫草色浓郁，并安装了简单的运动器械和儿童娱乐设施。入口处的小草坪上，立有一尊金属材质的现代雕塑，流畅的线条分外醒目，洒脱奔放，飘逸灵动。雕塑右下方是一块正方形说明牌，上题四句古体诗，平仄对仗并不工整，甚至不押韵，但朴实自然，生动传神：

锦绣鹏城舒广袖　迎风奏响春之声
扬帆践行中国梦　和谐共舞正当时

看着人行道上或疾或缓的行人，大街上偶尔驶过的电动自行车，以及身旁不时冒出的共享单车，我改变了深圳交通只利于驾驶不利于骑行的固有印象。的确，早些年在城市规划建设中或多或少有一种排斥自行车的倾向，认为自行车是落后的交通工具，深圳要打造全球标杆城市，会逐步淘汰自行车。后来才发现，对绝大多数市民来说，自行车是最便捷的出行工具，世界上很多现代化大都市发展了数百年，仍留给自行车一席之地。

在市民反复呼吁下，市政协委员联名提出“建设自行车友好型城市”的提案，由市长亲自督办，办理情况向一年一度的市两会全体人大代表、政协委员通报。经过多年努力，除了新修的自行车林荫道，原来的人行道被划上自行车专线，大街的路沿也铲出豁口供自行车通行。现在，深圳的自行车道虽然与其他有自行车传统的城市相比还不是很顺畅，有些地方仍需要上天桥、下地道，但基本实现了全市贯通。

时髦与市井，从来是相辅相成的。汽车只有交通，自行车才有生活。在每一个不起眼的街头巷尾，隐藏着这座城市的历史，也蕴含着这座城市独有的韵味。

深圳作为人类有史以来最大规模的移民城市，短短40年里从30余万人发展到2000多万人。虽说来了就是深圳人，但并不意味着这些来自四面八方的弄潮儿没有他们的乡愁。只有当多种生活方式充分包容的时候，深圳的故事才算完整，才会以自己的丰富性成就一座真正意义上的大城市。否则，无论多繁华，终究有“市”而无“城”。比如巴黎，作家Kevin Kwan认为，它之所以伟大，就在于你走入的每一条街道都像一本打开的小说（Paris is great because every street you walk down is like an unfolding novel）。

登良地铁站往东，差不多就是登良路的尾端了。这里以前是一片滩涂，现在却是全城摩天大楼最集中的地区。一栋栋现代化建筑拔地而起，深圳城市会客厅的轮廓在海天之间悠然展开。至此，这条小街通古达今、脉动中西的大气象，得以淋漓尽致地表达。

吴登良是华侨，千千万万的吴登良，成就了这条小街脉动中西的意象。闯荡异域，千辛万苦，又以平生所积回馈乡梓，是中国海外移民的一个独特现象。

（五）

从古韵悠悠的南园村出发，登良路一路向东，走过曲折，走过风雨，走过烟火，通向具有无限想象空间的深圳湾。

缘深圳湾海滨，横卧着一条号称“最美都市海岸线”的人行碧道，沿途分布着10余个主题公园，蜿蜒延伸如一串珍珠项链。人才公园居中，好似项链上悬挂的吊坠，园内的春笋塔则是吊坠上镶嵌的宝石，画龙点睛，让一湾美景愈发生动鲜活起来。一座城市的坐标，往往也是一个时代的坐标。春笋塔被不少摄影爱好者当作深圳的地标式建筑，置于城市风光图片的C位。而在我看来，这座流线型银色塔楼，它所展现的直插云天的气势，正是深圳这座生机勃勃的南国新城的坐标，也是改革开放新时代的坐标。

由此想到巴黎的埃菲尔铁塔，那是欧洲大工业时代的建筑坐标。灰黑色的庞然大物，高高耸立在战神广场上，塞纳河从旁边静静流过。铁塔始建于1887年1月，1889年3月竣工，是当时世界最高建筑。由古斯塔夫·埃菲尔团队设计建造的这座铁塔，本是政府为庆祝法国大革命胜利100周年，决定在巴黎举行世界博览会而招标建设的一项临时设施，不承想竟成为巴黎的象征，经风沐雨一个多世纪，见证了欧洲的辉煌与衰落。

又想到旧金山的金门大桥，那是凯恩斯主义时代的象征。整个大桥造型简洁，通体呈朱红色，碧海白浪之间，如巨龙凌空，活力四射。这座诞生于20世纪30年代大萧条时期的钢铁巨龙，造就了近代桥梁工程的奇迹，有着巨大的历史学、经济学和美学价值。大桥雄峙于连接旧金山湾与太平洋的金门海峡之上，两岸陡峻，跨度1900多米，把浩淼的旧金山湾变成了内陆湖。正是以金门大桥为代表的几座跨海大桥建成后，湾区数个相对独立的城市中心在协同化发展上大步迈进，经济要素加速整合，形成统一都会区。金门大桥成了一种文化象征：象征凯恩斯主义时代的昂扬激情，象征美国取代欧洲成为世界霸主的高光岁月，象征以创新科技独步天下的旧金山湾区破茧而出。

春笋塔的正式名称是中国华润大厦，2012年10月奠基，2018年12月正式启用，以净高392.5米成为深圳湾畔第一高楼。设计理念来自春笋的自然形态，取其扎根、破土与迅速生长之意，象征节节攀升的无限生命力。同时，外圆内方的形制，放射性对称的布局，也与中国传统文化的“方圆规矩”观相吻合。启用翌年，即获世界高层建筑与都市人居学会颁发的“2019年度最佳高层建筑”奖。登临春笋塔，极目远眺，对岸天水围、流浮山在碧水清波映衬下仿佛海市蜃楼，左前方红树林装点深圳河谷消失在城市深处，右前方深圳湾大桥蜿蜒起伏联通深港两岸风物。环顾四周，山海连城魅力尽显，脚下成片草坪缘水而栖，“深圳人才公园”几个红彤彤的大字隐约可见。

如果说，埃菲尔铁塔演绎的是产业资本神话，金门大桥彰显出政府积极作为的强势，这座形如春笋的塔楼，则代表了人才至上的时代精神。

深圳人才公园，是全国首座以人才为主题的公园，旨在展示人才风采，传播人才文化。可以说，公园是以一种特别的方式，向深圳经济特区建立40多年来为深圳发展倾心奉献的杰出人才致敬。

人才公园有很多“网红打卡点”，无不蕴含人才元素。大致可以分为两类：一是与科技和人才相关的景观设施，二是人才肖像和人才主题的雕塑作品。

公园中心是一片人工湖，多彩多姿的景观设施绕湖而建。从群英荟、求贤阁、孔雀亭、风帆塔、π桥、公式长廊一路看过来，丰富的人文、艺术和科技元素，相互映衬，融为一体，让人流连忘返。而令我印象最深的，是由80根星光柱串联起来的人才星光桥。百米长桥，跨湖而过，湖面倒映着天空中飘浮的白云和廊桥上矗立的星光柱。每根星光柱都镌刻着一名为深圳建设作出贡献的科学家、实业家或公益人士的照片和生平简介，其中不乏世界一流人才。每当夜幕降临，根根柱子亮起点点灯火，远远望去，如灯塔引航，如星光照耀。漫步其间，你会真切而鲜活地感受到，深圳这座被设计出来的城市，这座崇尚时间就是金钱、效率就是生命的城市，正是在他们的创新思维和辛勤劳作中，一步一步从构想变成了现实。

人才功勋墙也是一个让人回味无穷的存在。它由三组浮雕组成，分别代表深圳经济特区建立以来三个年代的人才群像。由西而东，第一组浮雕名《火红的年代》，讲述20世纪80年代拓荒者、外来妹、本地郎的故事，描述了深圳人才成长的第一波浪潮。第二组浮雕名《春天的故事》，讲述1992年邓小平南方谈话之后，无以数计的弄潮儿、鹏城丽人、IT人士在这块热土上创新创业创富的传奇故事。第三组浮雕名《创造的时代》，讲述21世纪以来，大量高端制造人才、证券从业者和海归赤子的深圳故事，表达了“人才是深圳奇迹领航者”的理念。

当然，人才公园最显著的特点，还是人才肖像和人才主题的雕塑作品。深圳的城市雕塑数量之多、体量之大，在国内城市中位居前列，拥有“中国城雕之都”的名头。而人才公园里有40多组雕塑，为深圳各公园之最。由于人才公园是在一片滩涂上填海而建，一张白纸好画新图，简洁的造园手法，留出大面积草坪空间，雕塑作品点缀其中，使自然与人文景观呈现出高度和谐。雕塑满园皆是，大致可以分为三个区域：东北区的云水台，占比48%；北区的雕塑园，占比28%；南区湖岸线，占比24%。

云水台亦称百杰山、智慧山，是公园东北部的一块高地，汇集了爱因斯坦、牛顿、蔡伦、邓稼先等古今中外著名科学家的肖像雕塑。南区湖岸线的雕塑则以抽象作品为主，表现深圳作为创科创意之都的独特魅力。北区雕塑园虚实相间，陈列的众多雕塑作品风格各异。其中，在中心草坪凸起处，有一座名叫《来了就是深圳人》的作品格外引人注目。那是当代雕塑大师李象群先生2018年创作的一组群雕，以铸铜和白钢为材质，塑造了4个青春勃发的形象。他们迈着矫健的步伐向我们走来，以都市城郭为背景，模糊的五官突出了颀长的身姿和自信的神态，一种顶天立地的气派喷薄而出。

我正沉浸于各种雕塑作品带来的悠悠思绪之中，成千上万只候鸟突然飞临人才公园，绕着春笋塔盘旋，场面唯美而震撼。珠三角是全球重要的候鸟迁徙中转站和越冬歇息地，深圳湾潮涨潮落，海边滩涂孕育了大量的鱼、虾、蟹、贝等，为各类候鸟提供了丰富的食物来源。每年入冬以后，时有成群候鸟飞临此处，或空中飞翔，或水面觅食，或临浦嬉戏，场面蔚为壮观。眼前的候鸟学名鸬鹚，俗称鱼鹰，是有名的捕鱼能手。曾在海上见过鸬鹚捕鱼，一个猛子扎下水去，不一会儿便见一条两尺左右的大鱼在那一对巨喙间挣扎。鸬鹚海陆空三栖，无疑是禽类中凶猛的族群。而此刻，漫天翱翔的鸬鹚群穿梭于一个个神态各异的人才雕塑之间，我忍不住想，这些雕塑所代表的，又何尝不是人类中“凶猛”的部分。他们以“可上九天揽月，可下五洋捉鳖”的大无畏精神，持续拓展着人类文明的发展空间。

在不少人眼里，深圳始终是一个“理工男”的形象。不断攀升的GDP，迅速发展的科技创新产业，领先全国的先进制造业，奔波在城市各个角落的天选打工人，都会让人联想到这座南国新城的蓬勃朝气和不竭动力，就像奥运会的口号“更快、更高、更强”。这个印象是对的，却也是片面的。经济的一面太强大了，文化和生态的一面往往会被忽略。其实，深圳还是一个内涵丰富、韵味十足、人文充盈的城市。除了密集的文化艺术设施，当你偶有闲暇，漫步在遍布全城数以千计的大大小小的公园里，你会真切地感受到这座花园城市的独特魅力：蓝绿为底，山海连城，疏密有致，四季花开……

深圳市的公园包括山地公园、滨海公园以及各种街区公园。作为户外运动爱好者，我走过深圳大部分公园，而以其中四个印象最清晰，即梧桐山郊野公园、虹桥公园、莲花山公园和人才公园。与朋友闲聊，常以美人喻之：梧桐山郊野公园好比大家闺秀，丰润大气；虹桥公园好比知性美女，野性飘逸；莲花山公园好比持家主妇，富贵端庄；人才公园则好比小家碧玉，精致可爱。

2023年12月，作为“深圳湾公共艺术季”12件展品之一，国际知名IP“大黄鸭”的引入，让人才公园的精致可爱更添魅力。深圳湾公共艺术季是一项大型户外国际艺术展览活动，创立于2019年，新冠疫情期间亦未中断。在艺术季里，国内外众多优秀艺术家及其作品陆续亮相，借助人才公园独特而优越的展示空间，充分表现了传统文化与当代艺术在海天之间形成的巨大张力，成为公众与艺术对话的桥梁，唤醒了市民的艺术热情，提升了城市的文化品位。

大黄鸭微昂而俏皮的头颅，憨憨地对着春笋塔，似乎在提醒游人，自己只是匆匆过客，那才是新时代深圳的城市坐标。从春笋塔沉稳、潇洒、昂扬的姿态里，你会想到一些词汇：改革开放、深圳速度、“一国两制”、中国式现代化、粤港澳大湾区……旭日东升，一湾碧波在微风吹拂下荡起层层涟漪，仿佛天下英才汇聚大湾区，追潮逐浪，谱写新的时代传奇。

南国梧桐树　燕都募士台
湾区开大幕　天下纳英才
拔地凌空去　追潮逐浪来
会当凌绝顶　直把乾坤裁

一条登良路，半部深圳史。在登良路以北，还有一条与之并行的街道，名“创业路”，可以看作它的姊妹路。创业路也始于南园村，起点是村东北的南园工业园，蜿蜒抵达深圳人才公园。我住的小区，恰好位于两条街道之间。经常在周边散步，忍不住会想，这两条相隔不过三四百米的小街，一曰登良，一曰创业，有何寓意呢？其名，崇学向善，知行合一；其势，开放创新，昭昭未央。也许，这便是解开深圳奇迹的密码。

西贡：小村里的大气象

西贡作为一个地名，仿佛自带几分神秘色彩。原来只知道越南有西贡，后来知道香港有西贡，现在知道深圳也有西贡。

（一）

越南的西贡是一座历史悠久的大城市，人口1000多万，兴于法国殖民时期，经济社会西化，商业发达，有“东方巴黎”之称。1975年越南统一，西贡被改名为胡志明市，但外国游客和当地文化人仍喜欢用西贡这个文史味儿更浓的名字，以期保留一份浪漫和异域感。我是从影视作品中认识西贡的，而这些影视作品大多带有悲情色彩，如《西贡沦陷》《西贡小姐》，特别是梁家辉主演的《情人》。所以，我的西贡印象始终是一幅浪漫、摩登、伤感、迷乱糅合起来的风情画。

香港的西贡是香港特区政府18个地方行政区之一，面积全港第五，风光首屈一指。香港十大胜景评选，西贡独占五席。位于西贡的早白垩世流纹质火山岩柱群，入选首批100个世界地质遗产地名录。西贡区地处香港西北部，自然环境优越，95%的人口集中在将军澳新市镇，郊野和岛屿大部分没有开发，被视为“香港后花园”，素为市民郊游好去处。驻港期间，西贡是我最喜欢去的地方，或行山游水，或品尝海鲜，或考察地质遗迹，或走访古村落。正是无数次的西贡之行，让我真切地感受到香港作为国际大都市的另一面。

深圳的西贡是一个僻静小村落，村民不足300人（另有100余人祖籍在该村但移居香港和海外），隶属大鹏新区南澳街道。从地域面积到影响力，这个西贡都远不如前两个西贡，但在深圳的自然和人文历史版图中却别有价值。

关于“西贡”名称的出处，众说不一，比较常见的说法有三种。一是越南语Sài Gòn的音译（越南西贡）。西贡地区从前遍布高大丛林，越语Sài即树枝，Gòn即树干，汉语写作“柴棍”。同时，Sài Gòn的衍生意义是棉花，高棉人曾在当地大量栽种棉花。还有说Sài Gòn是越南某个古人的名字。二是“西方来贡”的简称（越南西贡、中国香港西贡）。明代郑和下西洋后，西亚、中东及东非一些国家开始向中国朝贡或与中国开展贸易，位于东南亚的越南西贡是当时西来船只停泊的一个港口；清代与欧美通商，西来商船需要在位于香港西贡水域的佛堂洲完税后方可进入中国内地。三是客家话“吸虹”的谐音（深圳西贡）。客家人把彩虹称作“贡（音gàng）”，相传村民经常见到村子上空出现彩虹，如天虹从河涌里吸水，认为是吉兆并以此取名。

我之所以不厌其烦地列举“西贡”名称的来历，是想表达一个看法：研究地名文化，何以得名固然让人感兴趣，其实意义并不大，更值得关注的还是在这块地域上发生的事情，以及经过多年发展后它所具备的历史、地理、文化内涵，即一个地方区别于其他地方的符号意义。

（二）

深圳西贡村位于大鹏半岛南端，甫一进村，深山遗珠的感觉便扑面而来。2022年可以说是我的“西贡缘年”，先后三次到西贡村远足，次次都有不同感受。第一次虽有资深驴友带路，但刚走出村子不久就在丛林中迷了路，临近中午还在周边转悠，绕来绕去，似乎每条小道都似曾相识。随身带的水已经喝完，信心一点一点消耗，眼见暑热难当，不敢大意，只好打道回府。第二次从西贡村出发，经百年古道到达深圳海拔最高的古村落“半天云”，沿途感受当年东江纵队的斗争环境。可走了不到两公里，几个年轻人可能平常缺乏锻炼，明显有些吃不消了。考虑到前面还有好几个更高的山头要爬，心里纵是千般不愿，他们也只得原路返回，其余人继续前行。第三次走的是一条难度极大的海岸穿越线，整个行程与香港西贡区遥遥相对，边走边感怀，算是对深港双城一衣带水关系的近身体验。

三次走下来，西贡村给身体留下的记忆固然深刻，其符号意义也跃然而出。村子虽小，却让人有多重鲜明印象，大致可以归结为五个方面：丛林古道、革命遗迹、桃源乡居、海岸穿越、客家文化。

西贡村坐西朝东，背靠红花岭，村前有西贡河经过，流入著名的西涌海滩。往北数里有南社村，往南则是茫茫大海。从西贡村往西进入丛林，翻越红花岭和抛狗岭到半天云村，是一条长约10公里的古道。去西贡村远足，通常会选择这条路线。行程五六个小时，途中最高海拔426米（抛狗岭），难易适中。不过，山路崎岖，藤蔓缠绕，有些路段需要在石壁上攀缘，走完全程还是很吃力的。而且草深林密，岔路甚多，稍有不慎便会迷路。

由于地处偏僻，历史上曾有海盗在西贡村一带活动。抗日战争时期，东江纵队将这里作为一个据点，安排了一些重要机构和设施。东江纵队机关报《前进报》即在村口的谭公庙设有印刷厂，印制报纸、传单和小册子，宣传革命主张。部队还在村里开设电报培训基地，训练部队电报机使用方法；在村后红花岭上挖洞藏枪，渡海运送到香港装备城市游击队。村里至今保存着一些旧枪支，但藏枪地点因水土变迁已无从查考。西贡村民王天锦曾担任东江纵队护航大队中队长，1945年在惠东县平海战斗中牺牲，年仅29岁。

半天云村位于抛狗岭半山腰上，整条村子都在群山环抱之中，因雾气蒸腾时像云中仙境一般若隐若现而得名。广东省旅游局2006年举办“寻找广东最美乡村”活动，该村入选最美自然生态村落。当年东江纵队转战粤港两地时，中共广东省临时委员会和东江军政委员会等领导机关以及电台、报社等随部队在大鹏半岛活动，半天云村是其主要驻地之一，如今尚存不少遗迹。西贡村至半天云村的百年古道，成为游击队的一条重要交通线。

我们那次去古道徒步，恰逢深圳市政协机关团支部去西贡村和半天云村开展主题团日活动，追忆革命历史，庆祝中国共青团成立100周年。于是，两队合一队，边走边聊，行山之乐更盛。从历史聊到现实，从革命聊到改革，从社会聊到人生，天马行空，妙趣横生。分明感受到一种文化传承的力量，在山海间脉动。

（三）

西贡村不大，占地面积3900平方米左右。建筑以传统客家民居为主，灰瓦白墙，不过大部分是重建翻新，年代并不久远。现存古民居约60座，全为砖木结构，六横两纵的街巷布局清晰可辨。漫步其间，但闻鸟语蝉鸣划破静谧的山居生活，袅袅炊烟升起，丝丝古意弥漫，让历史悠久的古村落充满人间烟火气。

村子的自然风光是极美的。西、北、南三面环山，东向大海，一南一北两条溪流从村后山岭上顺势流下，刚好将整个村子合围起来。古村沿溪而建，村前则是一大片鱼塘和防护林，朝晖夕阴下，岚雾氤氲，隐约有江南水乡的味道。

村里古树名木甚多，其中古樟树一棵，树龄570年，国家一级保护树木；水翁树两棵，树龄120年，国家三级保护树木；古榕树两棵，树龄150年，国家三级保护树木。特别是驻守村口的古樟树，经风沐雨数百载，仍枝繁叶茂，雄伟壮观，需三个成人牵手才能环抱，尤为引人注目。

更难得的是，幽静的桃源乡居同时具备了海洋的大开大阖。虽然村子位于小小的山坳里，村前村后却各有一条遐迩闻名的海岸穿越线，深受户外运动人士喜爱。

村前的“东涌—西涌穿越线”，是深圳知名度最高的海岸穿越线。全程约6公里，大半行程在海边乱石滩上跳跃前进。隐隐约约有几段羊肠山道，或在茅草丛中，或在灌木林里，陡坡处需拉绳索上下。更有海边绝壁，悬挂白晃晃的大铁链，游人攀缘而上，实为罕见。这样的路况，几乎每一步都在找平衡，脚踝非常吃劲儿。所以路程虽然不长，若非专业户外运动人士，走完全程需花四五个小时。而且，自始至终基本无遮挡，夏日前往，如不注意防晒，极易中暑。

然而，就是这样一条无路之路，疫情之前每年吸引游客多达三四十万人，最多一天近7000人。能有如此吸引力，当然是海天绝色。沿途天高海阔，依山傍水，沙滩、岛屿、礁石以及各种海积海蚀地貌发育齐全，湾岬交错，迂回曲折，鬼斧神工，让人叹为观止。

穿越线的终点便是鼎鼎大名的西涌，拥有长达4公里的银白色沙滩，被《国家地理》杂志评为“中国最美八大海岸线”之一。目前，当地政府抓住深圳市打造全球海洋中心城市的机遇，高起点规划，高标准建设，以国际视野推进西涌片区整治提升。因地制宜，充分挖掘本地特色文化，以音乐、露营、星空等为主题，持续推出多项“网红”爆款文旅产品，着力打造超一流生态型滨海旅游度假区。

村后的“大鹿港一柚柑湾穿越线”，同样是裸石纷呈，海天一色，但路况更加原始，穿越强度大了许多。想想我们三访西贡村的经历，莫非这就不是一个轻易能去的地方？第一次无功而返，第二次损兵折将，鉴于前两次的教训，我们第三次特意选了这条滨海线路，原本以为会轻松一些，没想到真正的艰难刚刚开始。

从西贡村到大鹿港，是一条长约4公里的崎岖山路，上山时还好，下山时不少路段需手脚并用，拉着麻绳或藤蔓往下哧溜。好不容易抵达海滩，却发现前面根本就没有路了，全是在累累巨石上攀爬。如果说穿越“东涌一西涌”还可以在乱石滩上跳跃前行，面对这条穿越线上遍布的大石头，或横卧，或竖立，或斜插，高如层楼，奇形怪状，只能凭感觉爬上爬下，摸索前行。有些地方还需钻过巨石搭成的夹缝，脚底要防滑，头顶要防撞，好不惊险。4公里左右的海滩和山路，走了差不多5个小时。到后来几乎不敢迈步了，生怕酸软的双膝支撑不了疲惫的身躯。

当然，风光很美。“东涌—西涌穿越线”上有的这里都有，只是更加原生态，更加野性十足。以一颗纯粹的山海之心，体验这豪迈莽荒的大海滩，碧空如洗，碧波如缎，天高水阔。对面蜿蜒起伏的山山水水，正是香港西贡区，西湾山、大浪湾、蚺蛇尖等熟悉的地形地貌逶迤呈现，一览无余。连手机都变成香港信号了，顿时感到莫名的亲切，当年派驻香港期间畅游西贡的场景一幕幕在眼前浮现……

不禁想到西贡村民与香港西贡区交往的一段故事。西贡村有舞麒麟“拜门”的习俗：每年大年初一，村民们敲锣打鼓，走街串巷，舞动着麒麟，到本村或邻村家家户户去拜年。据西贡村村民介绍，20多年前，有本地村民前往香港购买舞麒麟所需用品，认识了一位香港西贡人。当他得知在深圳有一条村也叫西贡时，便觉有缘，当下半卖半送，还额外赠予了一只麒麟。有了这样的渊源，两地民众交流日益密切。如今，西贡村舞麒麟队还保留着香港西贡友人赠送的麒麟及锣、鼓、镲等乐器。

到达柚柑湾时，周身疲惫，山友们无不感叹这条远足径的难度只有号称“深圳驴友毕业线”的三水线可比了，不过风光要美得多。双腿僵硬，膝盖打颤，心情却极是舒畅，纷纷表示不虚此行。一位山友说得好：干净的海岸线总是很治愈的，生活中所有的emo（忧愁）都可以被海风带走。

（四）

2020年3月，深圳市公布首批26处历史风貌区名单，西贡村位列其中。据《宝安县志》载，西贡村始建于明末清初。村子的建筑风格和村民的风俗习惯古韵犹存，俨然滨海客家的文化标本。

西贡村民为客家民系，据传最早的村民为陈姓，两公婆携子女乘船到此，因船被打翻无法继续前行，便建屋定居，繁衍生息。现居村民主要有钟姓、林姓、董姓等，以钟姓为第一大姓，约占全村1/3。作为滨海客家，他们将山地文化与海洋文化融为一体，既保留了山地客家的耕读传统和勤劳坚韧精神，又吸纳海洋文化中的开放、进取、包容元素。传统生产方式半渔半农，农业主要种植水稻、番薯、花生等，出海捕鱼一般在大亚湾海域进行，盛产池鱼、石斑鱼、黄鱼等。特色节庆食品有春节的米饼、年糕，元宵节的汤圆，清明节的艾茶果，谭公节的濑粉仔，端午节的海胆粽子，七月十四的菜头角、菱角，中秋节的月饼，十月朝的糍粑，冬至的起糕仔，等等。自清末起，大鹏半岛村民到香港务工，以20世纪六七十年代为盛，西贡亦有不少人定居香港。改革开放后，商贸交易开始兴旺，村中外出务工者增多。

在一片保存完好的白墙灰瓦民居中，占地约70平方米的钟氏宗祠十分醒目。祠堂门柱上有一联“颍水源流远，川恩世泽长”，表明钟氏先祖发源于中原颍川之滨。据族谱记载，钟氏源起春秋，始祖气公，传今已数百代。西贡钟姓源于明朝末年，祖婆邓氏携子荣启、荣乐两兄弟从广东惠州迁来，兄荣启公留在西贡开枝散叶，弟荣乐公迁至王桐山。随着时代变迁，大鹏半岛上保留下来的宗祠建筑并不多，而钟氏宗祠数百年来香火不绝，祭享不断，每逢重大节日或家族纪念日，族人从四面八方前来祭拜。

除了钟氏宗祠，另一处古建筑谭公庙也颇有历史渊源。岭南地区遍布黄大仙祠、妈祖庙、谭公庙这类本土宗教道场，是客家文化的一个重要特征。谭公与妈祖是两大海上守护神。相传谭公真名谭德，惠东县大岭镇人，生于元代，修道成仙后，牵一斑斓猛虎云游济世。谭公呼风唤雨，伏虎驯蛇，乐善好施，擅长医道，经惠阳取道龙岗、坪山、葵涌、大鹏前往香港。沿途百姓感其恩泽，虔修祀事，立庙奉之。谭公庙亦称谭仙庙，深圳东部存有多处。西贡村谭公庙始建于清光绪十一年（1885年），2000年重建。占地面积约140平方米，三开间两进一天井布局，砖石结构，正门上有“谭仙古庙”石匾。前、左、右各有一凉亭，呈拱卫之势。

一年一度的谭仙庙会，是西贡村重要的民俗活动。农历四月初八是谭公诞辰日，每逢此日，村里和周边的善男信女都会参与巡游，烧香膜拜，以纪念当年谭公为民祛除瘟疫的事迹，场面十分热闹。各家男丁头一天会提前过来，把谭公庙打扫布置一新。其实，对西贡村民来说，谭公庙不仅具有宗教历史价值，也是一种文化情结。大年初一舞麒麟，便是这种情结的集中表现。村里男女老少随着舞麒麟队来到谭仙古庙前，对着庙门行俯首合掌三叩礼。鞭炮声和锣鼓声随即响起，舞麒麟队迈开娴熟的步伐，缓缓进入古庙，在每个神位前祭拜。然后，舞麒麟队开始“拜门”，以谭仙古庙为起点，敲锣打鼓，走街串巷，舞动着麒麟，到每家每户去拜家门，最后再回到古庙，结束整个活动。

不过，与谭公庙相关的民俗活动往往有着很强的仪式感，平常很难遇到。让我深受触动的，是村头古樟树下的伯公庙。伯公庙又称土地庙、福德庙，供奉土地神，是中国民间最常见的祭祀建筑，几乎各地乡村均有分布，路口山腰、田间地头随处可见。土地神源于远古人们对土地权属的崇拜，有祈福祉、求平安、保收成之意。由于神格不高，伯公庙多半造型简单，简陋者仅两块石头为壁、一块石头为顶即成，俗称“磊”型庙。可正因为简单而得以普及，建庙祭拜成为寻常事。西贡村民把古樟树视作本村守护神，在其根部建了一座小巧玲珑的伯公庙。劲节虬枝，香烟缭绕，俨然村中一处文化地标。

参天之木，必有其根；怀山之水，必有其源。从宗祠、古庙到民俗习惯，你会感受到一种微信仰、准宗教现象浸淫在乡村文化之中，感受到它无处不在的精神建构功能对调整心态、培养善念、和谐邻里关系发挥着不可取代的作用。

令人意外的是，僻静的小村落，竟有远古文化的遗存。2000年9月发现的西涌口遗址就位于村旁，据考证为新石器时代晚期至战国时期的人类文明遗址。凭吊遗址，感怀古今，只见初冬的阳光在屋舍和树枝间随意洒落，古庙前的广场上，老人围坐聊天，儿童追逐嬉戏，与周围的山川、河流相互映衬，天人合一，其乐融融。

偏安一隅的西贡，隐然成为禅修之境，让我对社会发展和生活方式多样性的理解更透彻，信念更执着。中国式现代化，应当充分展现乡村生活和乡村文化的魅力，而不是简单地消灭乡村。坚持城乡融合发展，畅通城乡要素流动，一方面需要全面加强农村交通、能源、居住和公共服务建设，让数字化生活来到农村，进屋入户；同时也需要持续建设“榆柳荫后檐，桃李罗堂前”的优美环境，留住田园的恬静和乡愁的印记。这不只是一种文化诉求，更是乡村振兴的方向。

在深圳这样的快节奏大都市，存在西贡这样的慢生活小山村，实在是一种造化。抚今追昔，有感而发：

莽莽苍苍入海天　娉娉袅袅起炊烟

由来多少春秋梦　不过油盐柴米间

后记

寻找深港文脉

深圳自然历史学者南兆旭说，要把自己居住的地方当作宇宙的中心来关注。我是2021年7月来深圳报到，开启作为一名深圳人的人生之旅的。碰巧的是，来深圳不久，有关方面就开始筹备纪念新安建县450周年系列活动。新安县于明万历元年（1573年）设立，是深圳和香港的共同起源。我刚结束驻港工作，迎头碰上新安县历史变迁研究，正好为自己从香港视角观察深圳提供了一个特别入口。

1

寻找深港文脉，正是纪念新安建县450周年系列活动之一，由深圳报业集团晶报社发起。它是一场面向深港两地青年的主题研学活动，2023年8月启动，2024年1月结束，历时半年。整个活动大致分为两个阶段：一是举办“深港文脉”双城青年短视频大赛；二是组织参赛者与文史学者一起，赴前海深港青年梦工场、南头古城、罗湖桥、沙头角中英街等承载着深港共同文化记忆的地标参访游学。

这场研学活动的特别之处，在于借助短视频这一广受欢迎的新媒介，将弘扬传统历史文化与加强深港青年互动连在了一起。保持文化的生命力，关键在于传承。以青年为主体的文化交流，在香港局势由乱到治、深港双城合作进入新阶段的形势下，对促进两地认同别具价值。香港青年樊维思在游学现场说，自己走了很多次罗湖口岸，过去很少留意到罗湖桥，而通过这次游学，才知道罗湖桥对于深港两地来说有着如此特殊的意义。

我受邀参加了部分活动，感触颇深。自己2004年从北京南下香港，随后又到深圳定居，这20年来，工作岗位换了好几个，工作内容也不尽相同，但有一条主线贯穿始终，就是寻找深港文脉。特别是到深圳市政协以后，工作任务比较超脱，主要是负责深圳经济特区研究会，不像在香港成天“跑码头”，总算能静下心来梳理一些思路，每每有一种“千秋邈矣独留我，百战归来再读书”的感觉。随着这场研学活动的展开，深港双城文脉流变的一幕幕人间烟火，不时在脑海中浮现。

2

从地理上看，深圳和香港作为一个整体，处于大山、大河、大海的交汇处。大山指莲花山，大河指珠江，大海则是南海。这种地形水势，与深港两地文化性格的形成有着密切的关系。

莲花山脉坐落于广东省两大地理单元——潮汕平原与珠江三角洲之间，大致呈“东北—西南”走向，自梅州东北部延伸至惠州与汕尾交界处抵海。余脉继续向西南方发散，隆起两座海拔近千米的高峰，即深圳的梧桐山和香港的大帽山。两峰之间，深圳河蜿蜒而过。综观深港地形地势，梧桐山和大帽山处于中轴位置，宛若双城挺拔的脊梁。由此向四周延伸，东北有大鹏山，西北有阳台山，东南和西南则有香港的马鞍山、凤凰山，进而铺展出无数山岭沟壑及大大小小数百个岛屿，呈现大鹏展翅、携山向海的磅礴气势。

在中国江河谱系中，珠江的特色十分鲜明。作为中华民族繁衍生息的三大摇篮，黄河和长江都是自西向东流，以一条干流汇百川而归大海；珠江则大致由北往南，西江、北江、东江三大支流并行，最后虽合而为一，仍有大小河道横岔斜出，呈众流入海之势。如果说黄河流域、长江流域都像枝繁叶茂的参天大树，珠江流域则像一片森林。黄河流域称为北方，长江流域称为南方，珠江流域则在中国的北方、南方之外另称为岭南。珠江入海口经千百年泥沙冲积，迄今仍然极其开阔，下游三角洲河汊纵横，水网密布，经“八大口门”即八条水道与南海融为一体。

南海与黄海、东海相比，对中国海洋事业的发展和海洋意识的形成更具决定性意义。华东海域虽然辽阔，但与浩瀚的太平洋之间只有朝鲜半岛和日本列岛，历史上人口密度和经济活动都相对较弱。华南海域与整个亚洲南部、非洲东部以及欧洲东南部相通，素来人口稠密，商业发达。最早的海上丝绸之路，经由南海进入印度洋，远达中亚和非洲沿岸，东南亚因此成为海外华侨的首站和主要聚居地。后来开辟了横跨太平洋的海上贸易航线，通常也是从华南出发，跨越南海，经菲律宾抵达墨西哥。

正是在这片山海之间，1573年设立了新安县，辖地大致包括今天的深圳和香港，紧扼珠江口，处于南海贸易的要冲。自秦设郡县以来，中国州县大都抵海而止，而新安县全域尽在沿海地区和海岛之上，这反映出明朝中叶经略海洋的浓厚意识。新安县是深圳和香港共同的源头，海洋基因渗透到两地文化发展的方方面面。这里自古以来就是风云激荡之地，亦是多元文化、创新文化滥觞之地。

登顶梧桐山，有好汉坡。当你沿着千米石阶攀缘而上，立足“鹏城第一峰”飞来巨石，鸟瞰脚下拔地而起的城池在绵延起伏的青山绿水中伸向无尽的远方，你会真切地感受到历史生命力的搏动与人类梦想的升华……

3

从历史上看，深圳和香港山水相依，文脉共承，但在近代中国的沧桑巨变中却各自形成鲜明的文化特性，经历了一个从“同源分流”到“同向互补”的过程。

19世纪中叶以前，深圳和香港经历了长达千年的同属屯门镇或新安县管辖的时期，不分彼此。鸦片战争后，香港离开新安母体发展，迄今也有近两百年历史了。因此，深港文化有同源的一面，也有分流的一面。正是由于这种分流的存在，我们今天才会讨论深港文化，否则就只有屯门文化或新安文化了。思考这个问题，要立足深港同根同源，看到二者文化上的共同点，也要看到分流给它们打上的不同烙印。

人们常说粤港澳大湾区是地理上的交汇之地、文化上的交融之地、意识形态上的交锋之地，这在香港表现得更加充分。香港文化与内地分流之后，其形成和发展受到多种因素影响，从而具备了一些自己的特性。

首先，是中国传统文化的影响。一个多世纪以来，香港受内地政治运动和社会变革的冲击相对较小，在许多方面保留了更浓厚的传统文化色彩。加之，从20世纪40年代中后期起，由于战乱、政权更迭及其他社会变革等原因，中国内地文化人纷纷来到香港，形成所谓“南来文人”群体。他们传承中国传统文化，建构香港社会精神，对香港文化的发展产生了重要影响。其中佼佼者，有一代武侠小说宗师金庸、国学大师饶宗颐，以及创办新亚书院用中国传统书院的形式进行教育的钱穆等人。

其次，是英国殖民统治的影响。这种影响渗透到方方面面，大到政治、经济、社会制度，小到生活习惯、衣食住行，香港成了“最不像中国社会的中国人生活的地方”。英国对香港的殖民统治，一方面使香港文化非常崇尚西方自由、法治观念，另一方面也导致了市民的国家民族意识严重不足。英国人只是把香港当作一个做生意的平台，一个类似自治领的地方，既不愿意香港人有很强的中国人意识，也不愿意香港人有很强的英国人意识。所以在香港文化里，充满市民小情调，缺乏家国大情怀。

再次，是香港社会生态的影响。在一个相当长的时期里，福建、广东等沿海地区的居民把香港视为移民海外的跳板，对香港本土社会并没有太强的认同意识。随着19世纪末20世纪初广袤的新界地区被纳入港英统治范围，香港作为一个具有自身特点的社会集合体走上历史舞台。一批居住在太平山半山的华人精英，秉承修齐治平的士大夫传统，意识到自己对脚下这片土地的责任，逐渐形成了代表精英文化的太平山精神。第二次世界大战以后，数以百万计的内地移民涌入香港，聚集在狮子山下的九龙半岛，把这里当作自己的家园，努力拼搏，守望相助，又形成了代表草根文化的狮子山精神。同时，太平山精神得到“南来文人”群体的进一步发扬，并与狮子山精神相互作用，构成香港社会主流文化精神，共同缔造了充满活力的香港。

香港作为移民城市，发达的社团文化是它的一个重要特征。各种庞大且实力雄厚的社团组织盘根错节，在政府与市民之间充当了缓冲带、黏合剂的角色。这和内地不一样，内地是全能政府，为社会的管理和发展兜底，香港的政府则比较超脱，很多事情都是以社团活动的形式在运作。这也导致了另外一个后果，香港社会的江湖味比较浓。

1997年香港回归，标志着深港文化从“同源分流”进入“同向互补”的新阶段。20多年来，两地政治、经济环境发生了深刻变化，社会生活也潜移默化呈现出新特征，双城互动以前所未有的规模展开。特别是近几年，随着香港积极融入国家发展大局，并与深圳一道充分发挥自身优势，共同推进粤港澳大湾区建设，两地文化同向互补的特征愈益明显。

4

湾区，通常处于大江大海的交汇地带，既是经济发展的高地，也是开风气之先的地方。发展与创新，是湾区的基因。粤港澳大湾区不仅地理上大江大海交汇，还集中体现了改革开放和“一国两制”两大国策的交汇。处于交汇前沿的深港双城，由此成为大湾区城市群中最重要的发展极。深圳定位中国特色社会主义先行示范区，首先得益于深圳本身是改革开放缔造出来的一个奇迹城市，但还有一个因素也不容忽视，就是它紧靠香港，能与香港形成联动。

共建人文湾区，是粤港澳大湾区建设的题中之义。深圳要发挥社会主义集中力量办大事的优势，着重在文化设施建设、文化人才培养和文化氛围营造上发力。香港要保持并发扬自己的特色和优势，但不能故步自封，要密切关注国家经济、社会、文化等各领域的变化，主动适应，积极对接，在其中寻找到最佳的发展契机。深港双城联动，就文化建设而言，似可从这些方面着力：

一是岭南文化。岭南文化在中国文化发展中有着独特的保存和反哺作用。这种作用首先源于南宋覆亡后，中原士人衣冠南渡对传统文化的创造性继承；其次是岭南人大量下南洋、出海外，在国际上形成了一个很大的华商群体和华人社会，广泛传播中国文化；更重要的是改革开放以来，大潮起珠江，对中国文化的现代发展起到了极大的引领和推动作用。

二是海洋文化。在传统思维里，中国是典型的大陆国家。其实，中华文化的海洋基因同样悠远而强大，从秦始皇遣徐福东渡，到汉朝海上丝绸之路的开辟，再到明朝郑和下西洋，古代中国的海洋技术和海洋开发长期居于世界前列。近代以来，东南沿海成为中国与西方列强博弈的要冲，留下了许多沉痛的记忆。今天，在加快建设海洋强国的时代背景下，深港海洋合作更具有现实意义。当我们站在一幅竖版中国地图前，深圳和香港不再是南国边陲，而是中华海洋大国的地理中心。

三是移民文化。深圳和香港都是典型的移民城市。香港几乎没有原居民，所谓土生土长的香港人，不过是前一代或前几代移民的后裔。深圳更是在短短40多年里移民近2000万，创下了人类移民史上的奇迹。凡移民，通常都是富于创新意识、冒险意识的群体，敢为天下先是他们最深沉的文化基因。

四是特区文化。香港是特别行政区，深圳是经济特区。所谓特区，就是要特别，要创新。俗话说得好，特区是不可以界定的，当它可以界定的时候，就不再是特区了。特区固然要善于学习外面的成功经验，更要创造新的经验让别人学习。

此外，还有求大同、存大异的“一国两制”文化以及源远流长的商业文化，都是深港文化赖以生长的沃土，有着大可挖掘的潜力。

5

我来深圳时间不长，明显感受到一种文化即将爆发的势头。深圳很忌讳被称作“文化沙漠”，对文化建设的重视程度在全国首屈一指。硬件投入不断加大，图书馆、美术馆、音乐厅、影剧院越来越多，街头、公园充满了各种雕塑作品。“软件”建设也不遑多让，市民学习氛围浓厚，“深圳读书月”闻名海内外。再加上经济发展好，有创新意识，也不排外，全国各地文化人陆续往深圳集聚。这有点像当年的香港，一度也被人称作“文化沙漠”，正因为大批文化人的到来，几十年时间就发展成为文化星光灿烂之地。照这样的势头，深圳文化繁荣指日可待，深港文化必定会成为中国文化版图中的一抹亮色。

2022年深圳读书月期间，我应邀主持了一场“当奇迹之城遇上东方之珠：深圳·香港的文化对视”活动。对谈嘉宾有香港学者薛凤旋，深圳学者南兆旭、严莹，他们分别从深港两地的历史、地理、生物角度做了精彩分享。我当时就深深感受到深港文化独具特色的丰厚内涵，感受到双城文化融合发展的巨大潜力。

讲好新时代大湾区故事，是深圳和香港文化建设的共同责任。香港文化有自己的特色，关注细节把握和氛围营造，擅长对人物个性的挖掘和刻画，深圳比较注重宏观叙事，更倾向于与时代同频共振。深港双方如果能够把各自特色发挥出来，优势互补，良性互动，将成为推动中国文化发展不可取代的一支力量。

恰逢粤港澳大湾区建设如火如荼之际，我来到深圳，开启自己新一段人生。几年下来，有幸结识了一批当地文化界的“大咖”，以文会友，让我真切地感受到深港文脉的有力搏动，并进一步领悟了生命的价值和意义。对一个文化人来说，文化是实现自我价值的途径，回馈社会的载体，亦是生存的刚需。我有个感觉，追寻深港文史脉络，丰富岭南文化道场，将成为余生文化活动的主脉和晚年生活的主要内容。

孔子曰：学而时习之，不亦说乎；有朋自远方来，不亦乐乎；人不知而不愠，不亦君子乎！这几句话看似简单，对它的解读却有好几个版本，关键是对“学”“时”“习”的含义有不同的理解。联系上下文，这里的“学”指学问，“时”指时代，“习”是采用的意思。学而时习之，即学问能为时代所采用。整段话可以理解为：我从事的学问能为时代所采用，当然高兴了；如果怀才不遇，有朋友山高水远前来切磋，也是很快乐的；即便没有人知道，也不会生气，那才是君子啊！这段话被置于《论语》的篇首，显然是孔子在阐明自己对待学问的态度，反映了圣人治学的三重境界。深以为然，谨以自勉。

出版人：　龙建涛

策划编辑：刘悠扬

责任编辑：叶苑秋

责任校对：杨杰　王鹏　杨铖彦

装帧设计：杨军

插图：　胡椒枪　勾特工作室

图书在版编目（CIP）数据

藏在地名里的深圳 / 木木著. -- 深圳 : 深圳报业集团出版社, 2025. 8. -- （文脉）. -- ISBN 978-7-80774-152-7

Ⅰ. I267

中国国家版本馆CIP数据核字第2025F4X872号

藏在地名里的深圳

CANGZAI DIMING LI DE SHENZHEN

木木　/著

深圳报业集团出版社出版发行

（深圳市福田区商报路2号　518034）

中华商务联合印刷（广东）有限公司印制

新华书店经销

开本：787mm×1092mm　1/16

字数：250千字

版次：2025年8月第1版　2025年8月第1次印刷

印张：19

ISBN　978-7-80774-152-7

定价：68.00元